数星星

情思教育：

在新教育旗帜的引领下，

发生在能仁班里的故事……

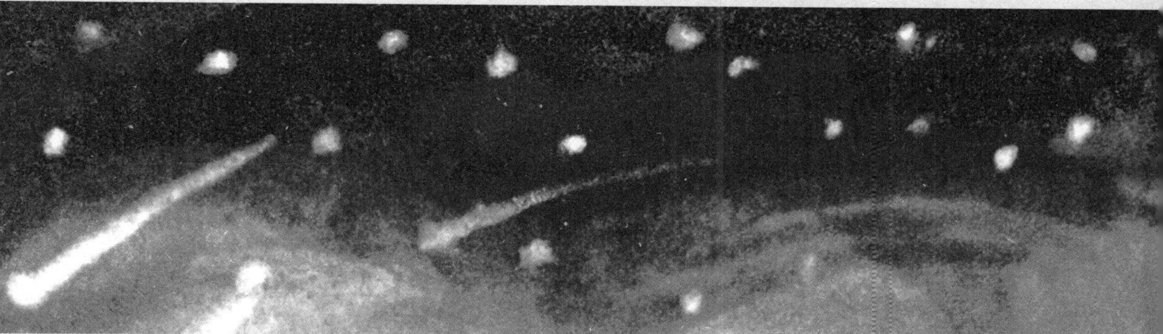

阿宋◎编著

文匯出版社

图书在版编目(CIP)数据

数星星 / 阿宋编著. —上海:文汇出版社, 2018.6
ISBN 978-7-5496-2646-5
Ⅰ.①数… Ⅱ.①阿… Ⅲ.①教育-文集
Ⅳ.①G4-53
中国版本图书馆 CIP 数据核字(2018)第 137573 号

数星星

编　　著 / 阿　宋
责任编辑 / 熊　勇
出版策划 / 力扬文化

出版发行 / 文匯出版社
上海市威海路 755 号
(邮政编码 200041)
印刷装订 / 成都勤德印务有限公司
版　　次 / 2018 年 7 月第 1 版
印　　次 / 2018 年 7 月第 1 次印刷
开　　本 / 787×1092 1/16
字　　数 / 240 千
印　　张 / 12

ISBN 978-7-5496-2646-5
定　　价 / 38.00 元

目录
CONTENTS

第二篇 能仁班家庭教育故事

第三篇　能仁班师生文集

（学生文集）

（阿宋文集）

序

许新海

对于每一位有志于践行新教育实验的教师，我都怀着呵护、喜爱，甚至是敬重之心与他们面对面。当我收到阿宋老师的《数星星》一校文稿，并希望我为之作序时，我怀着欣欣然阅读。阅毕，我想到三个关键词：解码、创新、写作。

阿宋以《数星星》为书名很容易理解。近十年来他一直担任江苏省海门中学创新人才基地班的班主任，他班上的孩子们的确都是一颗颗闪亮之星。如世界脑力锦标赛、最强大脑冠军倪梓强，2017 年全国高中数学奥赛金牌选手、以高二学生身份签约北大的陈尧，以及现在班上的 2017 年第十二届全国中小学生创新作文大赛总决赛一等奖选手王帅玲同学，2017 年“初中生世界杯”江苏省第十七届中学生作文大赛特等奖第三名盛楠茜同学，更不用说小小年纪就举办个人音乐会的吴思泉同学，以初二学生身份参加南通市中学生英语口语比赛勇夺一等奖的严哲倪同学，以及在南通市“学宪法、讲宪法”演讲比赛中勇夺特等奖第一名并成功晋级 2018 年省赛的毛奕翰同学，等等。有人认为海门中学创新人才基地班本来就是“学霸云集”的地方，所取得的成绩理应如此。读了《数星星》的书稿后，我看到了卓越的成绩背后教育的非常之功。阿宋老师的能仁班真正地实践着新教育的理念，教育应该以人格为先，生命为基。浸润于海门中学厚重的百年文化，能仁班完美教室的创建补足了这些优秀学生的精神之钙、文化之钙、道与理之钙，让他们得以“能仁致远”，继而走向全国，走向世界，书写了一个个生命传奇。能仁班是海门中学创新人才培养的一个缩影，《数星星》是解读神奇的江苏省海门中学的密码之一。

自2010年10月海门新教育缔造“完美教室”项目启动至今已经走过了近八个年头。八年来，缔造完美教室的理念已经成为班主任工作的信条，新教育“完美教室”的美丽蓝图已经从梦想成为现实。新时代呼唤缔造完美教室的行动不断创新，以响应党的“十九大”提出的广大人民对美好生活的殷切期待，创造美好的教育生活是教育人的神圣使命。能仁班有着深厚的文化积淀，曾获全国新教育实验“2015年度完美教室”提名奖，但能仁班的脚步一刻未停。我欣喜地看到了能仁班在班级文化建设方面的一些创新举措。如升级阅读课程，每天晚上让学生观看30分钟的中英文视频。自2016年9月至2017年底，学生先后观看了40集《唐之韵》与《宋之韵》，欣赏了第一季和第二季总共20期的《中国诗词大会》和《见字如面》第一季的11期内容，听读了《典范英语》7、8共计28本英文原版文学作品。这些阅读课程与能仁班所取得的作文竞赛成绩、中英文演讲成绩有着高度的关联性。如举办新父母课堂，自2016年9月至2017年12月，共举办新父母课堂33期。如开展“致良知”修行激发学生内驱力。又如创设微信平台，使之成为班级文化建设展示的窗口。自2016年10月至2017年年底，能仁班通过微信平台共发布信息近300条，合计60多万字，含近千幅图片。有了这样的厚积，《数星星》的出版可以算是薄发了。对此，我也借用这样的比喻：《数星星》是一朵绚丽的花，以中文视频课程欣赏和英文《典范英语》儿童文学阅读为根系，以学科教学为枝干，以大大小小的拓展课程为绿叶，以生命绽放为隆重庆典。这些创新举措基于阿宋等海中人的深厚学养，这一点从《数星星》中阿宋写的十余篇德育论文可以略知一二。从阿宋身上我看到了雷夫老师的影子。

缔造“完美教室”要有留痕意识，书写就是最好的留痕方式。新教育倡导“做中学，读中悟，写中思”，写作不仅实现了留痕，书写饱满的生命状态，还可以实现教育的反思与升华。《数星星》收录了能仁班的孩子们书写的46个班级故事，能仁班父母们写的46个家庭教育故事，以及能仁班师生20余篇发表或获奖文章，这些都是他们平时写作的结晶。能仁班的师生们正以他们的方式实现了共读、共写、共同生活的美好愿景。2012年7月在以“缔造完美教室”主题的山东临淄新教育年会上，海门新教育人奉献了两部研究成果，分别是俞玉萍老师的《完美教室——中国百合班的故事》和工作室成员合著的《一间可以长大的教室》。而《数星星》将能仁班的全体教师、学生和父母都涵盖在内，组成了一个成长共同体，尊重生命、热爱自然、崇尚阅读，朝向幸福完整。《数星星》是前两本著作的延续。

如果说"百合班"是江苏省海门市东洲中学里那朵超凡脱俗、芬芳傲立的百合花，"奇迹树班"是江苏省海门市海南中学里那颗硕果累累、奇迹连连的苹果树，那么"能仁班"就是江苏省海门中学里那方刻有敦品力学、大气卓越的泰山石。我期待在江海大地上会涌现出更多的富有个性、品性、人性、灵性和创造性的完美教室来，努力实现美丽教育、美好生活的教育梦！

2018 年 2 月 22 日

（许新海，博士，特级教师，新教育理事会理事长，江苏省海门市教育局局长）

能仁班
班级故事

那些年，我们的青春

包　涵

一

仿佛那位男老师就站在知识宝库的门前，从中精心挑选着一种又一种题型，装在口袋中，秘密地收藏着。他就是我们的数学老师，老袁搜题的创始者。

为何如此说呢？因为他在数学课上，讲思维，讲方法，然后以板书的形式展出。那并不很整齐的沟渠纵横的文字，带着这个城市浓而不腻的烟火味，总会令我不由自主地想起网络流行的搜题库。他叫人回答问题则有着一种别样的味道。

“燕泽离（严哲倪），你来……”话音未落，全班哄堂大笑。

有人伏在桌子上，懒懒地说：“这又是来自几千年以前灭绝的生物吗？”

笑声再次充斥着整个教室。

就连纯洁天真的袁典也无辜地躺了枪。往昔的袁典成了“源店”，汉字的音调似乎一下子失去了规律，无法步入正轨。于是，我们都笑得直不起腰来。在领会到自己普通话的不标准以及它所带来的笑柄时，老袁就无可奈何地苦笑着，不好意思地抚摸着自己蓬松的头发，像个做错了事情的孩子。但他的的确确是一个好老师。

这是只属于我们班每个人拥有的回忆。偶尔记忆里听见带有乡音的话声，便触动起美妙的神经之弦。是啊，什么时候我才能从这种令人发笑的音节中走出？它的回音如此悠长，让我在这个秋天的午后感受到了秋之颂。于是，我提起笔，用文字来搭建一个心底的世界，呼一口空气，回味生命的存在。我们成了躲在芭蕉叶下面的小虫，被能仁家园这张大大的叶子包围，我们开始讲述自己的故事，青春的歌在耳边飘荡。

二

音乐课上，老吴子（吴昕睿）再三推辞，不得已上去唱歌。曾有多少次幻想着最最可爱的班长能够用他那天真的歌喉来唤醒我们心中一扇门，敞开心扉。这，是沉默的前奏，是青春的节奏，是成长的节奏……

然而，美好的幻想在一瞬间幻化成泡沫。所有的期望，所有的渴望，所有的希望，都在 1 秒内扑向盛大的死亡，青春之门在这个节点轰然关闭……

猛然打开，吟唱出来，那些五音不全的调一涌而出。教室里顿时充斥一种魔性的声音，同时带有一种幼稚的童声，让人一时哑然。简直惊天地，泣鬼神！心中翻滚着一朵朵浪花，情不自禁地笑出声来。老吴子如一只蹦跶欢跳着、还没有长大的小白羊，露出羞涩和尴尬，嘴角微微上扬，却纯情不已，如清澈的湖迷蒙着露水的眼睛，闪现最纯洁的倒影……那是一个未谙世事的男孩的笑，不掺杂任何别的东西，惹人喜爱。

一次，他的座位排在我后面。某天课间，无意间提及此事，如同一层一层拨开洋葱似的，以往的“黑历史”再次被翻出。为了挽回一点自己的尊严，他信手拈来地唱起：“喜羊羊，美羊羊，懒羊羊……”好吧，这首歌唱得一点都不跑调，不过能唱成这么好笑也只有老吴子了。

这是一首欢快的歌曲，为我们内心深处干涸已久的土地、空寂的阳光都增添了一丝温润的清爽与甜蜜。直到这些回忆渐渐走远，恍然发现，那些曾经悬浮在天空中的各种色泽的鸟鸣、树叶、孤寂却不安定的风，在经过了一阵小小的骚动之后，只一霎间就全都恢复了平静。

三

每周一次的家长课堂，就像是精彩纷呈的电影结束后短暂的彩蛋，在一周枯燥无味的课程之后让我们感受到快乐和新奇。

上一个礼拜，赵佳欣的妈妈为大家带来了一场手工课——制作冰皮月饼。原料不难找，只须面粉，冰皮，豆沙馅和模具即可。等材料一发下来，大家争先着去蹂躏着面团，就像一个长时间没有喝酒的人再次泛起酒瘾。这等好玩的事，没等赵佳欣妈妈亲手做示范，大家便立即拿着材料，三下五除二做了起来，结果是做得又软又圆，不成形状。不一会儿，冰皮已经用的差不多，此时大家才发现了问题，看来也只能以豆沙为皮，冰皮为馅，蕴含着内心的喜悦，去做了吧。

令人意想不到的是，靠着仅有的一点点冰皮和赵佳欣妈妈细致耐心的指导，我们做的冰皮月饼还真有点样子。最后，我们将剩余的面粉玩起了恶作剧，肆意地撒到别人的身上，然后每个人就都像被淋了一场轰轰烈烈的大雪后，白了头发，衣服和脸庞。场面如此盛大，气势不输于傣族一年一度的泼水节。每个人心里都乐开了花，这种幸福已经很少感觉到了，它只属于那久违的、无忧无虑的童年时期。于是，四十多名同学，像一株株蓬勃生长、素雅沉静、弥漫着馨香的花蕾，虽然沉静但有着极其丰富的生命力。同学们脸上浮现的笑容，好似一粒莫名奇妙的花种，在我少女的园林里生根，萌芽。我仿佛听到，这友谊常青树拔节生长的动听声音。那份友谊，那份感情，如火红的太阳与冰莹的白雪之间的碰撞在瞬息间融化，是最纯粹的。那些如火如荼的日子就让它这么过去吧。可是，美好的东西应该珍藏，因为除此以外我一无所有。无法忘却的事，或许就是应该记录下的事……

青春的我们仍是孩子

蔡夏磊

这天星期六，从能仁观看完学校组织的花样跳绳比赛回来，已经比正常的放学时间晚了十几分钟了。

到了教室，我才开始慢条斯理地整理我的书包。平常的这个时候小 D（张栋辉）和小 X（周德翔）总会等着我一块儿走。可今天却不一样，他俩见我还在理东西，就嬉笑着跑出教室，还窃窃私语道："快点儿！快点儿！"我皱了皱眉，心里暗自想着：这两个人真是的，不够哥们，落下我就跑。但转念一想，他们可能确实有事情吧，况且，我也不用因为被催而手忙脚乱了。想到这，我也就继续有条不紊地整理书包。

等我真正走出教学楼，已经快天黑了。走在路上，不禁又开始想着他俩为啥要先走，想了会儿又想不出什么，于是自嘲道："我真是太多虑了。"我放慢脚步，突然迎面走来 W 同学（吴涛）。只见他一脸诡异的笑容，也不说话，只是"嘿嘿"地笑了两声。我又纳闷了，他们今天怎么就都这么奇怪呢？想不明白，继续向前走。

突然，我看见前面有两个人影在动，我似乎明白了些什么，便向他们跑去。可正当我向那儿跑时，身边突然窜出来一个黑乎乎的人影，并且"哈"地叫了一

声。我着实被吓了一跳，不过这声音挺熟悉的，哈，原来是小 D 呀。现在想起来，他们两个跑那么快就有了解释，W 同学的诡异笑容也就可以理解了。但还有一个呢？正当我想着，又窜出来一个人，我不用想就知道肯定是他。我用力拍了拍他的肩膀，随着一声惨叫，我们都放肆地笑了起来。

都已经是初中生了，开这样玩笑的机会很少了。我们都在长大，都想长大，却又都不想长大，这确实很矛盾。但，既然我们没有办法改变我们不断长大的事实，那么就好好珍惜青春，珍惜青春的打打闹闹吧。

“世界极端环保组织”

陈樊敏

梁文涛是班上最奇特的人。他最近突发奇想，创立了“世界极端环保组织”，虽然有些莫名其妙，但还是在班上引起了大风波。

9 月 20 日，梁文涛到处奔波，拿着他的本子，四处寻觅成员。他对许多人进行了演说，起初我们都认为他在糊弄，经过他一再劝说，又看着他那认真的样子，我们觉得十分有趣，纷纷跑过去，在他的本子上签下了自己的名字。

梁文涛自从创立了这个组织后，像着了魔似的。每当我们体活课跑完步时，一群人在操场边上坐下，他就开始了他各种奇奇怪怪的讲话。他聚精会神地告诉我们，这个组织的精神领袖是他自己，我们“了解”到组织的总部和分部，其他成员以及经济支撑等。他还说，要打败世界上其他组织，100 年后会统治世界……有时他心血来潮，还会讲一些更离奇的事。

这自然会引起我们大家的不屑。可是，梁文涛总是讲得慷慨激昂，他的眉目时而紧皱，时而舒展，做出特别认真的样子。大多数时候他自然会遭到不少调侃，这时他突然变得很激动，两条手臂挥舞着，一边奋力为自己解释，一边反过来嘲讽我们，我们都被他那个奇怪的样子逗得哭笑不得。

但是，这也证明了梁文涛丰富的想象力，他在脑海中构建了许许多多的特殊人物，并描述给我们听。他经常在生活中找到一些符合自己创建人物形象的人，看上去很快乐地告诉我们。

梁文涛时常把自己当成领袖看待，并且对自己的“世界极端环保组织”非常自豪，希望他将来真的能够实现自己的梦想。

物理课趣谈

陈雯茜

“叮铃铃……”下课铃准时响起。我长长地舒了一口气，伸了个懒腰，准备为下一节课做些课前准备。一看课程表，什么？物理课！Oh no！要知道，物理是我所有学科中学得最差的一门，那些浮力压强一定是上辈子和我有仇，这辈子才令我如此头大。没办法，只能强逼着自己，去听懂老师讲的内容。

然而，这一课的内容并不简单，即使先前有看过书，我依然学得不太扎实。老师上课的语速有点快，导致我愣是一时间没反应过来。只得无奈地叹了一口气，把老师说的话转化为笔记，把一些问题留到课后再去好好琢磨吧。

兴许是老师讲课的内容无法让我们一下子弄懂，总之，这节物理课的气氛很是沉闷，举手回答问题的人寥寥无几，被老师点名回答问题的人有些也一声不吭。一时间，老师和学生都有些尴尬。

于是，某位救星出场了。“梁文涛，你来回答这个问题吧！”“啊？好的呀！”他略有些迟疑，但还是站了起来，一边站在那里思考类似“老师刚刚问了什么题目”这样的问题，一边还不忘记做他的经典搞怪表情，逗笑了他身边的一群人。看他一脸懵懂的表情，我也忍不住笑出了声，一副看好戏的表情。

突然间，他仿佛想到了什么，很是激动：“啊，呃……”话刚开了个头，他又愣住了。一时间，教室里的空气似乎都凝固了，大家都在等待梁文涛能给老师一个满意的回答，当然，也不乏窃窃私语和一阵阵压抑着的笑声。

终于，梁文涛开口了，虽然有些断断续续，但还是把大体意思讲了出来。这还不算，不知怎么的，他已经不知不觉偏离了主题，竟然讲到宇宙去了！大家都知道，梁文涛是个“宇宙迷”，平日里最喜欢看一些科幻小说，他的思维往往和我们是不在一个空间里的。用他自己的话来评价他就是两个字“奇怪”，他常常会冒出几句莫名其妙的话，让我们摸不着头脑。他的回答和他往常的风格一样，在讲到宇宙的时候梁文涛显得煞有其事，声音也不禁高昂起来，必要时还带点手势。这样的结果就是全班哄堂大笑，就连平时看起来有些严肃的老师也忍不住笑弯了腰。课堂的气氛顿时活跃起来，而梁文涛则是一落座就笑个不停，引得旁边几个人也跟着傻笑起来。

课堂带动气氛毕竟还是需要的，但希望我们能认真听课，千万不要偏离主题，有时气氛活跃过头了也不太好哦！

我们，并肩同跑

范佳豪

星期三下午的体育课，外面阳光明媚、万里无云，真是一个外出运动的好时机。

金灿灿的阳光照耀着我们洋溢着热情与自信的脸颊，奔跑的汗水也璀璨得闪着光。这时，体育老师向我们走来，他的手中拿着秒表和成绩单。“咦，长跑和短跑项目不是都已经测完了吗？”大家都心生疑惑。

“这节课长跑没及格的重测一下，其他同学的话……就自由活动吧！”体育老师一声令下。大多数同学都兴奋地奔向自己喜爱的体育项目场地，但在“耶”的欢呼声中，夹杂着几声轻微的叹息。“一班三胖出列！哦，不对，李洋洋已经过了。一班二胖出列！”不知是谁调笑道。

一个胖胖的身影站了出来，赫然就是小胖——蔡夏磊。他低垂着脑袋，目光紧盯着火红的塑胶跑道。可是那抹活泼的亮色也改变不了他脸上凝结的表情，似乎是对这一切都失去了信心和希望。显然，他已经对自己说了“不”，对他来说重考也就只是走个两圈罢了。

看到他如此沮丧的样子，我心中十分不忍，我不能让我的好同学孤军奋战。“要不我陪你一起跑吧！”我跑到小胖跟前，用力拍了他的肩膀，想要他振作起来。出乎我的意料，他的眼中竟一下子折射出希望的曙光：“好啊，或许陪跑还能让我及格呢！”

不一会儿，重跑的人便聚在起跑线上。“预备……跑！”老师哨声一响，大家便一窝蜂地向前冲。跑道上的快慢显而易见，别的同学已跑了近200米，小胖连第一个弯道还没过。没有加油的呐喊，没有着急的动作，我只是默默地陪在他的身边，和他肩并肩，随着他的速度一起向前跑去。或许是看见重跑的其他人都在拼尽全力向前冲，或许是因为有同伴在旁，有动力在旁，小胖提了提速，尽力追赶着前面的人。

一圈过去了，大家的速度都慢了下来，小胖的步伐也缓了起来。这时，他已经气喘吁吁，豆大的汗珠不停地顺着他的脸颊流下，打湿了他的衣服。然而他却依然一步步坚定地向前迈去，竭尽全力追赶着前面的人。

又过了半圈，他似乎已经有些支持不住了。喘气更加急促，步子却越来越慢，简直是走路的速度。“还有最后一圈了！加油！”一旁的我鼓励道，并用手扶在他的背上，试图推着他向前跑去。或许是感觉到了我的推力，他深吸一口气，以最快的速度向前追去。

“五分零二秒。”老师报道。虽然距离及格还有一点距离，然而他的脸上带着那样喜悦神情。

就这样，两人并肩走向教室……

不要觉得孤独无助，因为我们总是并肩齐跑。

化学的威力

范家铵

化学是什么？在新学期开学之前，我对于将要学习的这门课程，心中充满着疑惑，充满着好奇。它到底是有趣的，还是枯燥的，它会给我们带来怎样的体验？查询资料得知，化学是一门以实验为基础的学科。那么，我们会在化学课上接触到很多实验咯。带着对化学的憧憬，我们开始了新的学习旅程。

在今年的社团活动中，趣味化学赫然在列，我毫不犹豫地选择了它，希望它能带给我不一样的震撼。在不断的期待中，趣味化学课终于要开始了。上课铃打响了，同学们的眼睛不时地瞟向门口，在同学们的注视之下，老师迈着沉稳的步伐走进教室，他向我们说：“化学到底有多有趣，我相信今天这堂课，一定会让你们感到无比惊讶！”老师的话音未落，同学们便兴奋起来。

老师从学校的危险品仓库中取来了一些药品，危险品仓库，那可是我们学生不能轻易接触的所在，连带着里面的药品也带了一丝神秘的色彩，我的心不由地好奇起来，并不由自主地带着一丝小小的担心。

老师小心翼翼地将这些药品混合在一起，我们昂首张望着，正当我们好奇之时，这些混合在一起的药品开始燃烧起来，还没等我们开始惊叹，火焰一下子变大了，高达半米的火焰，仿佛一只巨大的手在向我们摇摆，说着“欢迎来到神奇的化学世界”，又仿佛在向我们示威：“我厉害吧！”同学们的惊呼声、惊叹声、叫好声在教室里此起彼伏，我的一张嘴张大着，被这神奇的场面惊呆了。慢慢地仪器都被烧毁了，教室中充斥着浓浓的火药味，终于这一幕落幕了。

原来这就是化学，不同物质的组成、融合会有着无穷的变化。第一次的趣味化学，真是让我大开眼界、激情澎湃。化学，我期待着走进你的世界，去了解更多的你！

感　动

龚怡文

语文课，郁老师站在讲台前的走道里给我们评讲作文，这似乎还是像平日里那样，是节平淡无奇的语文课。

她开始为我们读例文，也许是因为听了太多文字的乏味，同学们也没显现出有多么的期待。当郁老师从读第一个字开始，我似乎有些许察觉她跟往常读文章时有些不一样。她的眼睛里透露着深情，比平日读文章更富有深情。

我认真地听着。

这是在讲述着从前，从回忆童年再到回忆为人母时的那种种记忆，还有回忆自己的外婆。郁老师读得缓慢，娓娓道来，她不像在读文章，更像是在讲述故事，讲述她最熟悉的故事。语调时而激昂，时而轻巧，眉毛时而高挑，时而平缓，那眉宇间仿佛透露了她所有的情感，那是真正的在动情。

同学们不再显得无所谓，神情都认真起来。有些人紧紧地盯着郁老师，随着她语调的高低起伏，时而晃动着自己的身子；有些人头低着，但看得出来他们在思索，认真地倾听乃至不愿意放弃任何一个字。郁老师的声音渐渐地变得有些颤抖，但依然有力，凌一突然推推我轻声说：“郁老师的眼睛里似乎有泪珠在闪动。”我看向郁老师，她那眼睛里真的是有珍珠似晶莹的泪光在闪动。仔细听郁老师的声音里面好像还带着一丝哽咽。那哽咽声让位置上的同学们不再安静，老师的朗读似乎煽动了全班的情绪。那声音越来越像是喉咙里堵着什么东西似的。

突然间，泪珠从她的脸颊上流淌下来，郁老师连忙用手指去拭干自己的泪水，旁边的同学立刻给郁老师纸巾，她用纸巾擦自己的眼睛，转过头去，深吸了一口气，说：“对不起，同学们，我也不知道我会这样控制不住自己的情绪，这都是我以前写的文章，所以才会这样的，对不起啊。”原来是这样，全班霎时间掌声雷动。

郁老师捂着自己的胸口再次做深呼吸，然后继续读着，座位上的同学们越来越走进郁老师曾经的记忆，渐渐有了些许抽咽声。当郁老师讲到自己的外婆一直想听自己的儿子拉二胡，但是总觉得还早，当真正想让自己的儿子拉给外婆听时，却已经迟了，我再也按捺不住自己的情绪，泪水溢出眼眶。

那是全班都为之动情的瞬间，那是属于我们最为美好的回忆。

梁文涛的泪

顾秋申

梁文涛，全班最受人欢迎，也是全班最为乐观的一位同学。然而只有几位同学知道，这个“七尺大汉”也曾落过泪。

那是初一的第二学期，梁文涛的妈妈来上家长课堂，“幽默之星”的妈妈会给我们带来什么样的惊喜呢？同学们期待已久。可惜那堂课的内容仍然是“心灵鸡汤”，同学们只是端端正正地坐着听课。接近下课的时候，梁文涛妈妈出乎意料地给了我们一个“彩蛋”——说起了她心中对梁文涛的看法。备受关注的梁文涛可是班级热点，顿时大家便都来了精神，一个个竖直了耳朵听着。

或许梁文涛也有点两面派吧，总之在他妈妈眼中的梁文涛和我们眼中的梁文涛有不少不同之处：我们眼中的梁文涛用他自己的话来说是有点“奇怪”的，他时不时就会莫名其妙地冒出一句莫名其妙的话，逗得大家捧腹大笑；同时他也爱看科幻小说，甚至为此被郁老师批评过。然而他妈妈眼中的梁文涛却是个十分懂事而勤奋的孩子，在家还会看些物理方面的书，深刻钻研。

也许梁文涛从未听过自己妈妈对自己的看法，我偷空往他那瞄了一眼，见他一改平日外向的样子，两手撑着下巴，安静地听着。不知什么时候开始，他的眼眶渐渐湿润了，手也变成了捂着嘴。讲台上，他妈妈已讲得差不多了，正在想再讲些什么，他却挥挥手，用有点变了的声音哽咽着说：“好了，别说了。”不明事实的同学们笑着看向他，而只有我和周围几人看到了他眼中倔强的不肯留下的眼泪……

每个人都有他的另一面，正如那日的梁文涛。希望每个同学都能将自己最好的一面留给一班，留给我们共同度过的青春！

梁文涛的趣事

顾宇乾

传来一声极响的“你这个人傻的喏”，一定是梁文涛了。梁文涛的思想十分“超前”，每天脑子里总想着一些奇怪的想法。在你看来奇怪的道理，在梁文涛的嘴里却成了你驳也驳不倒的“真理”。梁文涛的嘴皮子很厉害，如果组织一次“不正经”（注意这三个字）的辩论赛，他准是第一！

在我还和梁文涛同一个小组的时候，每当有梁文涛喜欢或听过的歌出现时，他总会不自觉地哼出来。在音乐结束之后，他还能唱出完整或一小个片段，这还是挺厉害的。梁文涛极喜欢唱歌，他的审美观念与我们也不同，对我们来说一些听起来有些奇怪的歌，梁文涛总会兴奋地手舞足蹈，夸张一点说是上蹿下跳。

梁文涛跑步时擅长用“青蛙步”，他跑步相当于把自己的身体扔出去一般的跑，自然快了。这个“青蛙步”旁人学不会，因为太神奇了。在此还是命名为“梁文涛步”吧。

梁文涛说话时表情语音语调十分丰富，一个普通的句子都能说得十分有趣（上课时除外）。梁文涛的肢体语言也十分发达。而这一切的一切——都是他自创的。

梁文涛是一个有趣的同学，谁与梁文涛坐得近一点，谁就会有快乐。正如梁文涛所说，这是永恒不变的真理。

绰号和班级族谱

顾知航

就像夜空中一定有月亮和星星一样，在我们班有许多人是拥有自己独特的绰号的。我们班绰号大多是叫着玩的，大部分原因是用绰号亲切些，直呼其名太严肃了。

我们班绰号产生的原因有很多，形式大多是两个字重读，如“帅帅”（王诣帅的）和“栋栋”（张栋辉的）。这些都比较普通，是取名字中的一个字重读。不过，有普通的就有奇怪的，比如，我们叫张臻毅“操操”和叫我“障障”，这些绰号都是如文明一样进化过来的。

比如，开始我是没有绰号的，毛奕翰有一次把我的名字读快了，就成了“顾障”，以后他就反复叫我这个名字，而最后成了“障障”。

张臻毅是因为他小学时外号叫“节操王”，来到中学后这外号很受欢迎，并发展成了“操操”。

还有一些外号是比较形象地写出某人的特点，多大于两个字，比如姜宇凡的“小朋友”（我们还叫他“凡”因为就他名字中有“凡”），因为他比较单纯；还有顾宇乾的“鲁班七号”，至于原因呢，大家也都心知肚明。

我们班还有人的外号我不知为什么，如张希豪的“孙尚香”。

另外我们班还有一特色，就是班级族谱。在洪曦钰转学之前，它是很混乱的。比如袁典是洪曦钰的“外婆”，洪曦钰是顾秋申的“妈妈”，“小胖”蔡夏磊是秋申的“儿子”，而袁典又是蔡夏磊的“女儿”。等她走后，就正常了。

现在顾秋申是第一代人；“小胖”，张臻毅为第二代；第三代有许多，我就不一一列举了。有张佳瑜，“帅帅”，“障障”等。辈分的高给了“小胖”许多信心，在欺负我的时候，他只要说：“我辈分比你高（他是我‘爸爸’）”就可以“名正言顺”地“欺负”我了。

这就是我们班的绰号和班级族谱。它们凝聚了我们班的“智慧”。

高　速

黄俊翔

在我们这个年代，“高速”是很受欢迎的，我们能仁班也不例外。我虽然在班中算是初来乍到，但很快便熟悉这样一批人，江湖人称“飙车狂”。

兴许在读者中有许多不常在江湖混迹的朋友对“上高速”这个概念并不理解，这一江湖术语转换成俗话便是以超高速度做某事，在一般情况下，即指写作业超高速。在别人埋头奋笔疾书的同时，那些“飚车族”早已在一旁边笑边喝茶了，想必这也就是“飙车族”常常被人所憎恶的原因了。

本人从小洁身自好，不爱造谣，不传八卦，但来到这班没几天，就被打包带走，丢上了高速。每次下课，教室里总有一股莫名其妙的氛围，在外边杀声震天的同时，整个班级只有笔头沙沙的声音，全班和谐地在高速上前进。这么一天搞下来，手酸的像吃了老坛酸菜牛肉面。哎！不过碰到这样神一般的同学，速度想不被带飞上去也难。

接下来的内容略有一些“恐怖”，先喝口茶压压惊。话说高速也不是一个安全的地方，整日飙车那会疲劳驾驶出事故的。有时候，高速也会禁止通行的，倘若你在不该进的时候上了高速，恭喜你，那些尽职尽责扮演好神出鬼没的“交警”就会把你逮起来。同学们呢？就宛若一阵春风吹过，滋润了心灵，然后继续我行我素，自由生活。

于是这高速就这么继续开放，有些人继续飙车，有些人继续追赶，而我在一段狂热之后则又继续一如既往地懒洋洋着，就像宋老师的发型从未变过一样。生活如此，我的班级亦是如此，只要总有那一份笑声便一切安好。

历史的节点

黄钰雯

我们班有个显著的特点，用宋老师的话来说呢，我们是“警犬”，不是“草狗”，轻易不“叫”。于是各科老师都纷纷投诉，控告我们上课太沉闷，老是没有人回答问题。

初二上学期的一节英语公开课，成了我们班一个历史性的转折点。

在上课之前，宋老师反复强调，希望我们能积极踊跃举手回答问题，这是一节十分重要的公开课。说实话，开始上课前，看见一大堆的老师走进来的时候，我的心里都还是虚的。谁知道我们会不会突然一下子变得积极起来呢？

当宋老师抛出第一个问题的时候，我的内心真是纠结到了极点。举？还是不举？我还是观察一会儿再说吧。

同学们似乎都迟疑了一下，一瞬间空气都好像凝固了。

没有一个人举手。

极慢，极慢地，有一个人举起了手，然后是第二个，第三个……迅速地，如雨后春笋一般，更多的手已经举起来了。话说，这还是我们班第一次有这么多人举手呢。

后来，同学们再举手已经自然多了。这堂课终于顺顺利利地继续了下去。当下课铃敲响时，我不禁长长地舒了一口气。

一次突然的踊跃后，我们班又再一次沉寂了下去。于是，宋老师提出了一个“十·一”计划，规定每个小组组长每天至少举十次手，至少回答一个问题。

这个规定一出来，课堂顿时就好玩了。突然地，全班都开始踊跃地举手回答问题了。真的，非常非常踊跃，我都快有点莫名其妙了。这算不算物极必反？沉默过度突然一瞬间爆发了？不清楚。总之现在同学们上英语课分外积极，简直就像换了一个班一样。不过，这终归还是好事，对吧？

我们班啊，总能带给我很多意外和惊喜呢。

“下马威”考试

李洋洋

考试在我们的学习中不可避免，在我们的学习中时常会见到考试的身影。作为一个学生，我想每个人都因为考试体验过成功的愉悦，也因为考砸了，而感到沮丧。因为考试受到过表扬，也因为考试受过骂，挨过揍。

随着初二年级的开学，虽然早已做好要开学检测的准备，但它仍令我们瞠目结舌，印象深刻。它已不再像初一时那样的温和，一上来便锋芒毕露，露出它那狰狞的脸庞，上一学年的旧知和这一学年将要学习的新知交织在一起，一上来便狠狠地给了我们一个下马威，把我们一个个都考得灰头土脸。

考试开始，我们纷纷拿起笔开始奋笔疾书，教室里一片寂静，只听到笔尖“刷刷刷”在试卷上不断的摩擦声。第一题很快写完了。可是从第二题开始，便涉及到本学期要学到的新知，还不是普通的题目，我舒展的眉头不断地向中间拱去，我相信我的眉间一定打成了一个结。我的脑中不断地、飞速地回忆着暑假中预习的内容，思考着解题过程，终于解出来了。可继续往下做，碰到的难题却越来越多，我觉得我的脑子都不够用了，心中痒得就像有千万只蚂蚁在爬，急得感觉嘴都闭不拢了，手在头上胡乱地抓着，额头上细密的、紧张的汗水出来了。我尽力稳下心来，告诉自己不要因为碰上了难题就紧张，要把能拿的分全部拿到

手，慢慢地往下做去。

考试终于结束了。交了试卷以后，同学们你看看我，我看看你，觉得大家的脸都是红的，白的，绿的，口中纷纷喊着："好难啊！"喊完就开始准备下一轮的考试了。

人生处处有机会，有考试，但这些都是留给有准备的人的。临阵磨枪，不快也光，那都是传说，不会有任何的改变。只有准备充分，才能不惧怕任何考试。

在阳光下奔跑

梁文涛

还记得2016年8月的一个明媚的上午，我们在初一（1）班的教室里第一次相遇，懵懂地望着青涩的、互不熟悉的彼此，共同期待的是即将一起奋斗的初中时光。

我们来自四面八方，在互相的了解之中，我们知道我们中不少人都来自不同的乡镇、城市，甚至省份。或许缘分使我们相遇，更是相同的目标与梦想，使我们走到一起，在此铸造了海中附校2016级一班这个大家庭。这是一个充满自信，充满活力，积极向上的集体；这是一个不怕困难，无所畏惧，永不服输的团队；这是一个敢于创新，勇于拼搏，团结进取的班级。

在这样一个色彩缤纷的时光旅程之中，无数的记忆碎片都犹在眼前。而在操场上的跑步历程，最能概括这汗水浇灌的一切。从入学开始时，阿宋就鼓励我们坚持每天晚上绕操场跑三圈。这让很少锻炼的我们在初一上半学期时充满了"痛苦"，不过我们坚持了下来。这长达数年的跑步锻炼让许多刚入学时还"负债累累"的同学都"苗条"了不少。站在操场上，欣喜地看着周围的一切，贪婪地大口吮吸绿草的芳香，感受到体内的一股力量在升腾。这是青春的、磅礴的、无尽的力量。狂风予我阻力，我也当他咆哮着为我唱一曲青春的颂歌。

暖阳洒下金辉，万物抹上一层柔黄。在这样的氛围之中，我感受到蓬勃的朝气。奔跑中，忘却了不快，忘却了苦痛，体会到了过往从未有过的酣畅淋漓。

我们从不怕失败，因为我们有战胜它的决心。我们不怕挫折，因为我们有跨越它的勇气。我们不会绝望，因为我们相信，努力定能换来奇迹！

虽然我们的班级只有两年的光阴，但我们的感情亘古不变。朝着同一个目标，携手共进！

归　队

凌　一

那天，是一个普通的日子。第一节课后，做操的铃声响起。因为我负责关灯，所以等所有人走后，我才关灯走人。出去后，同学们已经不见了。我不以为然，小跑几步便去追他们。

来到进操的转角处，才发现全是人。他们穿着五颜六色的衣服，一瞬间，我仿佛来到了一个完全陌生的地方。我摇摇头，不管了，先找到我的班级再说。我环视了一下四周，令我惊讶的是，竟没有发现那群熟悉的身影。我揉揉眼睛，告诉自己只是看得不仔细而已。于是，我便努力睁大眼睛，再一次仔细地环顾了一下四周。居然还没有！难道掉到了地底下不成。当然不可能，我立即打消了自己的这个想法。但……解释不通啊！难道他们还没下来？不不不！要是这样的话，我就得戴2000度眼镜了。我告诉自己，或许他们先进场了，于是我小跑几步，往前寻找。

所有人都排着整齐的队伍，只有我一个人在他们中间像鱼一样地穿梭。大家都用惊异的眼神望着我，看着这个不知从哪来的姑娘。我骤然感觉到自己脸上超高的温度，但能怎么办？我就当没看见，继续寻找。奇妙的事情发生了，我都要走到操场了，也没有发现我们的班级。呵！真是个新鲜事。但，立即的，我感受到了所有人的目光，我终于知道什么叫“众目睽睽”。我低着头，那时，真的想找个地缝钻进去。

这时，耳边传来熟悉的声音：“凌一啊！在这！”随后，所有同学一起爆发出笑声，这让我情何以堪啊！我只好捂着脸，循着那声音，回到自己的班级中。

班级趣事

陆柯磊

我印象最最深的是我们班的课本剧表演，我们那时候还是一个完整的集体，所有人都在。梁文涛是那时的语文课代表，也是我们的导演。

我在那时扮演一个挺重要的角色——主公，也就是一国之君，一方霸主。虽是君王，但是昏庸不堪，不能听取忠言，反而对那些忠臣发怒，甚至于动用自己拥有的武力来镇压别人。仅仅是为了自己一时的高兴，就整日欣赏歌舞，与大臣们饮酒作乐，动不动还来次出游，日子过得潇潇洒洒，那叫个痛快。最后落得个病发身亡，死得极其悲凉，到了死之前才醒悟，想要告诫后人：不能受到奸臣的影响，既大耗国力导致亡国，又将自己弄得病入膏肓。

我们在排练的时候，因为是初一，组织得还不够好，每次都有点乱七八糟，搞得最后成了辩论会，都想要把自己的主张告诉大家，让大家听从自三的安排。中途甚至都还更换了一些人员。之前，在小学里并没有这种机会去表演．我自己也很少参加这种活动。我是第一次演课本剧，而且是演一个贯穿全剧的角色。所以我就特别紧张，当天晚上，就是演课本剧的那个晚上，我们班是第一个上场的，我努力将自己的神经绷紧，不断地看台词，怕忘。

又看看身边几个同学轻轻松松的样子，再加上范晋铭搞笑的太监服，想到他之后将要说的台词，以及我将要做的动作，才轻松一点。到了最后，当我倒下去时，范晋铭的那句：“大王驾崩了！”更是差点让我这个倒下的人笑出声来。

-PLANT-

街　舞

陆昱辰

艺术节开幕，五位完全没有舞蹈基础的同学被宋老师一眼相中，分配到了街舞的任务。我也十分惊讶地听到我将是街舞队队长的消息。对于我们来说，这是个全新的挑战，紧张之余不免又有些激动，尚雅楼的璀璨灯光终将属于我们初二一班的舞蹈队。

接受了任务，咬着牙也要做完，当天晚上我们五人就选定了歌曲并联系了老师。

当我们第一次走进街舞房，第一次开始练习的时候，我才明白它有多么难。仅仅是基础动作就让我近乎抓狂，从拉伸到舞步，再到一些高难度动作，身体几乎都扭曲了，肌肉无比酸痛，韧带仿佛撕裂，甚至因为没及时换气憋到头昏脑涨。接下来才是正题，我们选的歌是《周大侠 + RhythmTa》，算是基础街舞中较难的了，对节奏的把握，身体的协调，同伴的配合都有一定的要求。如果你看到我们第一次的排练，你的脑海里一定会想到一个词——群魔乱舞。

中午练，体育课练，文体课练，甚至一些自习课都会抽出一些时间去练。别以为周日就轻松了，去舞蹈房跟老师学舞蹈，排队形，最多的时候连跳三个小时，练到晚上回家倒头就睡。但是，这一切的付出都是值得的，随着练得越来越熟练，动作越来越流畅，节拍抓得越来越准，配合越来越默契，我们深感自豪和欣慰。

虽然如今还未参加比赛，但无论成绩好与坏，我都不后悔，我努力过了，拼搏过了，便不觉遗憾。

最后，附上小诗一首：

自信的步伐，
坚定不移。
如此闪耀，如此美丽，
伴随青春的笑与泪，
舞步的疾与缓，
音乐的轻与重，
我们追寻着梦想！
拼搏与激情，
坚持与毅力，
成长与荣誉，
同甘共苦，携手共进。
让我们心怀梦想，坚定同行！
时光不老，青春不散！

街　舞

毛奕翰

又到海中附校举办艺术节的时候了，主持人、乐队、歌手、舞蹈、英语剧、小品、课本剧，多彩的比赛项目蜂拥而来，给每一个同学搭建了展示自我的舞台，提高了大家的能力。就是没有一点舞蹈基础的我也被宋老师看中，编进了街舞队，在张扬的青春时代有了一段斗志昂扬的街舞之旅。

街舞队长陆昱辰不负宋老师的厚望，不仅自己负责认真，还专门请了老师教我们跳街舞。在短短的两节课内，训练一支炫酷的街舞队，对于老师来说也是一次挑战。老师专业训练，我们打起十二万分的精神，目光坚定。

但是无奈地将镜头切向我们五个杂牌军，每个队员都有需要克服的舞蹈惯性缺陷。太飘，太乱，太软，太僵，太散……精心排好难度适中的动作，多次利用课余时间集合排练，就算再苦再难，我们也不能放弃！

先天不足，只有后天努力了。我们亲爱的体育活动课，我们单休日偶尔的休息时间，就连短暂的课间十分钟都在思索着舞蹈动作怎样精益求精。就算有时正规的练舞场所都已“客满”，我们的练舞依然继续。排练厅已有了乐队，先到先得；大剧场自有初三来争，我们敬老，他们人多；舞蹈房，也有女生的舞蹈，女士优先……跑遍海中，总还有阳台能让我们练舞，虽然寒风凛冽，但我们青春火热的心在不断燃烧！

我们，迈着坚定的步伐，自信昂扬；我们跟着音乐的轻重，追梦未来。我们，在拼搏，激情四射；我们，在坚持，永不认输；我们，在成长，承载荣光。我们同甘共苦，我们携手共进，我们心怀梦想，我们并肩同行。

街舞潇洒，汗水飞扬，青春不老，我们不散！

天　籁

茅译天

初一新生音乐会上，满怀期待地倾听着每一个音符，可惜总没有能让我心动的声音，没有强烈的震撼和感动。直到那两个孩子出现，一段熟悉的前奏跳入耳朵，突然一个激灵端坐起来开始期待。

“天之大，唯有你的爱，是完美无瑕，天之涯……”两个孩子走了出来，和旁人不太一样，他们略显肥胖，周围出现了笑声，我却十分看好他们，果然一开口便是惊艳。这是最动人的声音，最真实，最美好，毫无修饰，没有任何刻意去模仿的音调。初一新生音乐会上，华丽的音符充溢着整个尚雅楼的礼堂，但唯有这首歌让我立马想站起来，为他们鼓掌。最动人的歌词便是母爱啊，胜过一切柔情蜜意的话语。两个字，足以温暖人心。最好的音乐，就是最真实的歌唱。我不知道其他人接连不断的掌声是否也是因为音乐打动了他们，还是因为其他。其实大家心里最清楚了。但是我心里，是对他们的敬佩与欣赏。我欣赏他们的声音，干净如水。我欣赏他们的选曲，简直是一股清流，缓缓流淌在这个浮华的世界里。他们也许没有我们现在所谓外貌协会的人们所需要的颜值，但是他们朴质的声音比漂亮的脸蛋更让人喜欢。他们的动情与用心，让人更钦佩也更欣赏他们。我一直相信的，总有一种东西比颜值更让人欣赏。

这种东西是我们在座的所缺少的。我们嘲笑别人是因为我们怕被嘲笑，我们怯懦，我们都没有勇气甚至是资格站到这个舞台上，我们哪来的勇气去对别人评头论足呢？我们要做的只是一个文明的观众，好好欣赏，好好倾听。音乐会上，声音是最重要的，不是其他任何东西。

“人才”

倪宇航

俗话说“三百六十行，行行出状元”，如果用来形容我们班，那就是“三百六十行，行行出奇葩”。欲知为何，且听我慢慢道来。

就从我身边的人说起吧。我身后的吴思泉同学，性格开朗，阳光又大方，成绩又优异，可谓完美。但是，她最大的缺点便是，一笑起来就笑个不停，要与课桌亲密接触好几次，让人看着就想跟着笑。

再看我后面第二排的陆柯磊同学。别看他身材魁梧，一副壮士气概，其实内心非常细腻。有一次他帮一位课代表收作业，他硬是点了一遍又一遍，直到自己确定数齐了为止，精神可嘉。

我们班有着一群智商极高，勤奋值超标的学霸，为首的便是周德翔同学和黄俊翔同学。年级前几总有他们的身影，如同屹立不倒的参天大树，可是他们的姓氏很容易让人想到黄盖周瑜，于是又称他们“黄周冤家”。

我们都知道，狗是人类最忠诚的朋友，当然我们班也有这样可爱的存在。姓吴单名一个涛字的他自称狗涛，有时连“涛”字也可省略，就叫他狗了。这绰号里满满都是同学们对他的喜爱，有什么伤心事，娱乐八卦，只管找他便好了。

班花班草是班级的“台柱子”，我们能仁班自然也不缺这样的“大角色”。这个班花（徐李源），虽说貌美如花，声音甜美，但男性的身份让这个称呼有些勉为其难了。至于班草（李洋洋），似乎所有的优秀品质他都具备，成绩名列前茅，性格憨厚老实，只是不知怎的，在长相上有点问题的他居然被我们称作班草，也可谓是一朵奇葩了。

最后再说说我们班的运动健将吧。最出名的便数梁文涛同学了。他不仅健步如飞，而且幽默搞笑，数理化好得炸天，更让我们欣赏的，是他那神奇的思想。具有领导才能的他还创立了世界极端环保组织，扬言要保护世界和平，变成一个环保的地球。我衷心地祝愿他成功吧。

范佳豪同学的体育实力也不可小觑。最让人难忘的便是他有一次测 50 米，可能是用力过猛，重心不稳，直接来了一个踉头，翻出了新高度，但他还是跑到了 7 秒多的好成绩，这是不是很厉害？不过范同学以后体育锻炼时要小心哦。

以上班级小明星是否已让你赞叹我们一班的人才济济了呢？

这就是一班，非同一般。

我们的化学老师

沈　鹭

记得我们的化学老师茅海磊第一次登场的时候，我就被惊到了。一个是惊他的外表：不高的个子，顶着一个大大的啤酒肚，有怀孕四五个月的孕妇的那么大，腿也不长，拥有我见过最发达的小腿肌肉。二是惊他的嗓音：别听他前面的音量还挺正常，但是一讲到重点，不仅眼珠子瞪得圆溜溜的，嗓门也在那么一瞬间翻了几千倍，肯定把那些昏昏欲睡的同学一下子惊醒了吧！那个时候，只感觉到整层楼上的空气都在震动。（后来事实证明确是如此，他在隔壁班上课的时候，或是批评同学，或是讲解重点，我们班每一个人都能听得清清楚楚！）

茅老师上课的一贯安排是前35分钟讲作业，后10分钟讲新课，这导致他总是来不及在下课的时候讲完新课，所以我们选“经常拖课3分钟以上的老师”的时候，毫不犹豫地选了他，但是化学那么有趣，多拖几分钟就算是享受吧！茅老师喜欢统计作业中每道题目做错的人数，上课的时候也会略微提到一些。这仿佛是他的老传统了，现在每次听到“这道题有……个同学做错”的声音，就感觉特别亲切了。当然，这不仅帮助茅老师选择在课上需要讲哪些题目，也帮助我们了解自己做这道题在班上的排名，用处多多。

茅老师经常找个别同学聊聊天，分析分析他们最近作业中、考试中的错误，如果发现这位同学是基本概念没有了解，他会很耐心地不厌其烦地讲解，试图把枯燥的书面语言变成同学们能够容易记忆的东西。也有一些同学会问他拓展题，他只扫一眼，便知道该怎么回答你了，可见其经验多么丰富，学识多么广博！

能遇到这样的化学老师，甚是满足！

七瑾年华　予你安好

盛楠茜

一个个大气潇洒的字词翩跹，一句句发自真心的赞美感怀，一丝丝真情流露的温暖蔓延。我喜欢她在我的随笔上认真仔细地圈画批改，喜欢她在文末留下的真情语句，连她在指正我的小毛病时，嘴角带着的微微笑意，眼眸中的灵光闪烁，都让我怦然心动，心中的温暖在她的一颦一笑中肆意流淌。她，就是郁老师，如烟花一般浪漫，似月光一般高洁，像花瓣一般柔美。

那个安然的中午从时光静处慢慢推近，短短五十分钟却让我恍如隔世。在聆听郁老师的作文点拨前，我在作文的迷雾中孤身而行，那空洞的文风带着我走了许多里旅途，不问归期，无从着落；在领会郁老师的深远意蕴后，我在缭绕的云雾中不再迷惘，那轻柔的话语牵着我行了山路十八弯，寻回初心，渐入佳境。

中午的阳光不似清晨一般明丽，不像傍晚一般昏暗，只是一层淡淡的光影柔柔地笼着温婉的她。面对我不如意的作文，她的眉心并未蹙起，晶亮的眼依旧染着莹莹笑意，嘴角弯成好看的45°，抚平了我心中紧张的波痕。我静静地坐在她的身旁，凝视着如从画里走出的她，谛听着从她红润嘴唇中跳出的音符，恨不得把她说的每一个字都铭刻在心上，永远不会被时光的风沙刮走。

郁老师如水的目光缓缓流过我作文上的每一个字，每一句话，就连错误的标点都耐心地指出，还细心地把每种标点所处的句子结构一一罗列，让我既“知其然”，又“知其所以然”。她斟酌着每一个词语用得是否恰当，告诫我不能“生造词语”。即使是告诫，她也说得那么缓和，刚柔并济，她的话一下子装进了我的心里。她推敲着每篇文章的主旨是否能“更上一层楼”，她偶尔转过头来看我，在眼神碰撞的一刹那，我的心灵受到了极大的震撼。那双明亮的眼睛里包含着郁老师对每篇文章的负责，对每个学生的热爱，对语言文字的痴迷。她是那样柔美，却又是那般坚毅，那般执着，她不会放弃任何一个学生，她总是像母亲那样对我们谆谆教诲，思寻着让我们更加优秀的途径，考虑着我们应当不留遗憾的未来。

郁老师就像一块碧玉，温婉滑腻，触手生温，温暖着她的每一个学生，温柔了她和我们初二（1）班同学在一起的七瑾年华。

愿时光不老，愿郁老师，安好。

心连心　一起走

施　雯

镜头切到刚进入能仁班的时候，那一段时间里，我们有晚间演讲的习惯——吃完晚饭后的五到十分钟，会按照学号顺序来进行语文或是英语演讲。那一天，是我们能仁班成立以来的第一次晚间英语演讲，演讲者是周嘉妍同学。

留给周嘉妍准备的时间并不多，从知道要演讲的消息，到正式演讲的时间不过一两天，对她的要求确实是很高的。第一次的英语演讲，在班里史无前例，面对的还是许许多多尚不认识的同学，心中忐忑、紧张之感可以说是强烈到不能再强烈，大家都能够想象周嘉妍的心理压力，同时也对她的表现充满期待。可是该来的总是会来的，终于到了晚饭结束的时间，轮到周嘉妍上台演讲了。

可以看出她此时此刻内心的挣扎：她的眉头紧皱着，不情愿地从座位上离开，迈着很小的步子向讲台走去，一步一步如履薄冰。时不时为难地回头望一望我们，眼神里透露出她对上台演讲的害怕，以及抗拒，我们很是理解，却爱莫能助。她的脚于众人注视中，缓缓地踏上了讲台，然后她又慢慢转身，在讲台前站定。深呼吸一口，准备开始她的英语演讲，但因为紧张竟有些说不出话来，她的脸因为这一切涨得通红。

似是鼓起了最大的勇气一般，她终于克服了自己内心的恐惧，开启了她的演讲。尽管如此，她声音的微弱，甚至是有些细微的颤抖，都无法掩饰她此时的忐忑与隐忍。这时，她遇到了演讲稿中的一个生词，忘了词的读法，便更是紧张到语无伦次，周嘉妍的演讲似乎要进行不下去了，我们大家的心都提了起来，为她而感到担忧。就在这关键时刻，周嘉妍当时的同桌顾知航同学对我们大家伙儿说："大家掌声鼓励一下周嘉妍！"同学们听罢，顿时从梦中惊醒，为周嘉妍热烈地鼓掌。许是因为我们的掌声给予了她力量，周嘉妍又一次发声，继续她的演讲。待她演讲将要结束时，英语课代表包涵在黑板上写下了"Take it easy！"三个英语单词，后又由严哲倪来讲述，以此来鼓励周嘉妍，也鼓励之后要演讲的同学。

真的，虽然这只是一次演讲，一次小到不能再小的英语演讲，但从这件事中，我们能够充分地看出同学们之间的团结，大家之间的战友精神。大家互相鼓励，互相进步，彼此安慰，这正是我们能仁班最好的传承！

班级趣事——面粉大战

宋汶洁

家长课堂是我们海中附校的特色，家长们都使尽了看家本领，积极报名参加。中秋佳节前夕，暖心的赵佳欣妈妈为我们带来了一节欢乐动手课——做冰皮月饼。

做月饼还没开工，就有兴奋的同学拿着食材玩，班里的气氛一下子火热起来。我们按照赵佳欣妈妈的指导，一步一步认真细致地做好了月饼，并刻上了自己喜欢的图像。可爱的冰皮月饼让少女心的女同学们爱不释手，将月饼装进精致的小盒子里。

“啊!”随着一声惊叫，不知从哪里先开始扬起的一团面粉，在天空中开出一朵美丽的花朵，一位同学的脸上被擦上了一点面粉。接下来，这个玩笑就像是一个传染病一样，每个人都喜欢上了这个游戏，女生涂女生，男生涂男生，男生女生互涂。不一会儿，差不多每个人的脸上都是面粉，个个都像马上要唱京剧一样。教室里全是面粉，这边一团，那边一团，远处看仿佛是被雾笼罩了一般，白茫茫一片。最惨的就是张栋辉了，他好像是全班人的公敌，无论是男生还是女生，都在他头上或脸上撒过一点面粉，有些人甚至直接拿一大团撒向他。最后，他的脸上、头发上、衣服上已经全是面粉，嘴巴里也有一些，直接变成了一个面粉人，擦了很久也没有全部擦掉。结束后，一大堆人向卫生间冲去，都是为了洗掉面粉，有些男生干脆洗了头，无奈面粉太多，有些人在放学回家时，依然感觉有一大堆面粉在脸上。

就这样，我们度过了一个快乐又难忘的家长课堂，虽很狼狈，但让我们真正感受到了来自同学之间打闹的欢乐，属于一班的欢乐。

芋头的心

王凯丽

今天郁老师读了两篇特殊的作文。

“我的父亲是一个普通的人。他还当过生产队队长。他在我母亲面前很娇气，但他指挥起来却一丝不苟……将要走的时候，他给我买了件衣服，白领花边很是好看。父亲的审美是很好的。我一件衣服穿旧了，给母亲。父亲一看，说声‘不好’，母亲就不穿了。

父亲喜欢种芋头，就叫我芋头……父亲有些娇气，但也有些贵气。”

郁老师深情地读起这篇作文：“这是我的父亲，今天83岁。”我没反应过来，以为只是文章的结尾，台下已经响起了掌声。原来这是郁老师的父亲啊！

她又读了另一篇作文：“我的外婆，直到她死，我都不知道……”郁老师声音开始颤抖，然后带着哭腔断断续续地读，却还是忍不住哭了。郁老师不得不深呼吸来调整，最后郁老师读不下去了，只听见一片啜泣声。台下许多同学眼睛都红了，大家都哭了。

郁老师好久才稳定了情绪，缓缓地哽咽着说：“我今天读，也不是要惹大家哭，没想到隔了这么多年，自己还这么……”台下沉默着。

此时无声胜有声。

名字惹的笑

王乾淳

还记得我们刚进这个学校时的天真模样，总是拿名字来开玩笑。像是新的老师来到我们班时，不认识我们，拿着一张名字表，点名字或者是点学号。而碰到较为生疏的字眼，总是会闹出许多的笑话。

比如说，“王诗钤”的“钤”字一开始有老师读作“lin”，然后，这就成了我们一直拿来开玩笑的话题。有老师问起这个字读什么时，总有人会大声地说“lin”，然后引起一阵的哄笑。

袁老师叫同学名字时，由于口音的原因，听起来很奇怪，也有一些别扭，像是“张臻毅”听着像“张振以”，“严哲倪”听着像“严则怡”。宋老师叫同学名字时，有一段时间里老是叫错名字，特别混淆的是王乾淳和王诗钤啦，张臻毅和张睿靓啦，毛奕翰和茅译天啦等等。甚至有一次，也许是被弄错太多次，王诗钤叫我时竟情不自禁地喊了一个“王诗”，然后被我以开玩笑的口吻接上了“北定中原日，家祭无忘告乃翁”。更有趣的是，宋老师有时会把我们的名字和他以前教过的同学的名字混淆起来。

教小四门的老师弄错的次数就更多了，有时居然还把两个同学的名字混在了一块儿，像什么“张佳豪”，“王思泉”……常常让人捧腹大笑。

总之，在名字上闹出的笑话，能比得上我们班的真的是没谁了。

第一次运动会

王诗铃

每一次运动会400米，总是我的必争项目。因为400米考验的不仅是速度，更是爆发力与耐力的相互结合，我也总觉得只有这种项目才能体现出我的实力。每一次我也都会拼尽全力，渴望自己能够为班级争得宝贵的几分。

记得那是第一次的运动会，我第一次站在了400米的起跑线上。当时我只觉得阳光十分耀眼，心里充满着好奇，眯着双眼打量着这整整一圈的跑道，紧张之感突然闯入了我的心中，一下子觉得这400米好似无穷无尽的远。

然而，随着发令枪“砰”的一声巨响，我便不得已拉回了思绪，全身心地投入到了比赛当中，双腿由紧绷到突然放松，如一支离弦的箭，飞快地冲了出去。

由于我是第一道，所以开始就比别人慢了很多，我能做的唯有拼尽全力，唯有不断地加速，尽力让这差距缩小。阳光照在我的身上，风从我的耳边呼啸而过，但我却不能放眼留恋身边的风景，我只感到汗一滴、两滴，顺着我的两颊，慢慢地流下来。才刚刚过了两百米，我的身体就不争气地疲累了下来，速度也由一开始的很快，渐渐地慢了下来。只感觉头很轻，脚却如灌了铅一般，怎么也迈不大。路过同学们的观众区，我能看到一张张模糊的笑脸从我眼前闪过，但耳朵里却只能听见呼啸而过的风声。我紧闭双眼，脑海里想象着他们为我欢呼时的模样，这些欢呼声，就如同那一道道阳光，穿过阴云密布的黑夜，将我心照亮。我不断在心里激励自己，就一百米了，也就一百米了！虽然话语中带着不甘，却也只能认了这第二名，但也很释然，因为我能在同学们关注的目光中尽力奔跑，展示自我，这就已经非常开心了。

下一次我定会再次重振旗鼓，东山再起，而且不会辜负同学们的期望，尽我自己的所能去为班级争光。

看　天

王帅玲

体活课的时候常无所事事，就拽着朋友的衣袖围着操场一圈圈地溜，嘴里扯些闲言碎语。这时我抬起头来看天，她就静下来，像导盲犬一样牵着仰头45°望天的我，在熙熙攘攘的人群里穿梭。

操场东南角的天最开阔，视线能横跨整个操场，直达大厦所掩映的地方。看着这样的天，你会想不通天是由什么组成的，那样透澈，那样鲜亮！就好像一匹上好的丝绸，但比它更透光些；又好像浮于我们头顶的海洋，但比它更深邃些。这样的天盯不了太久，它太高远，又有无暇光洁的肌肤。你的眼睛聚不了焦，贪婪地想要将整个天塞进眼眶里，又因此带来决眦的酸意，尽管这样，你还是舍不得去揉眼。天空知道怎么吸引你的目光，它精于此道。

走着走着到了操场的东边，向太阳西沉的方向望去，那里总是第一颗星破壳而出的地方。它有时躲在教学楼背后，我就拼命往后退，直到后背挨上了树木，只为窥得那颗如出嫁闺女般羞涩的星辰。

噢，还有围墙外的居民楼，那红瓦白墙上的藤蔓为了与天空嬉戏已爬了数十年的光阴了罢，祝它早点儿能与天上的娃娃见个面。学校那唯一一节没被漆成砖红色的青绿台阶，你可知道多少次在天空下长跑的我要将目光黏在你身上？那些散落于云朵上一齐飘走的我与朋友背诵的历史兴亡……八百米的操场无尽的天，校园的一隅我的念。

在很多时候我去看天，什么也不做，光看。然后我发现操场上的天才是最上乘的——奇了怪，怎么天空也能分个高低档次呢。这里头的意思有点微妙，人是最不公正的评委，过于感情用事，看东西都得拿一个叫“情怀”的滤镜往眼睛前面戴，分明差不多的天就有了层次，有了色彩。学校的天也因此成了我心中的念想罢。

激情运动会

王诣帅

海中附校2017秋季田径运动会如期而至，虽然我们初二（1）班未能夺得桂冠，但是仍旧收获了许多的感动。

秋风飒飒，寒气袭人，400 米的赛场上，顾秋申在最内道，随着裁判员的一声枪响，比赛拉开了帷幕。赛场上顿时沸腾起来了，各班的加油声此起彼伏，热情有力。不管本班同学是否参与其中，热情丝毫不减，身心也深深地被比赛的热烈气氛所感染了，鼓励着运动员奋勇争先。四位选手也如离弦之箭一样冲了出去。虽然秋申实力明显不敌对手，但仍然咬牙坚持，跑到最后，拿不到名次，但也要完成自己的比赛。无论对手有多么强大，无论对手比自己高或强壮，都无所谓，只要跑好自己的就行了，做到了“友谊第一，比赛第二”，只要超越自我就是胜利。当顾秋申回到本班区域后，同学们没有责怪，也没有不满，用热烈的掌声来感谢他在赛场上流下的每一滴汗水，每一次呼吸。大家为他准备好食物及饮水，让他充分休息，继续备战。同学之间的情谊，怎么能为这一次小小的失败而动摇呢？无论结果怎样，只要他在拼搏，他在努力，他就值得我们每一个人感谢与敬佩！

下午，太阳从云间露出了半张脸，50 × 10 的比赛开始了。一开始，我们班落后于两个班，而我们的选手们，没有焦躁，也没有叹息，反而越战越猛，越跑越快，追到了第二的位置，距离第一也仅仅是几步之遥。最终，四班一个失误，我们抓住机会奋力反超，终于完成了一次反杀，夺得第一。我们的同学之间彼此信任，彼此鼓励，团结一致，不畏强敌，努力拼搏。这就是我们初二（1）班真正的水平。

有这样的同学，这样不认输的同学，分流考试超过平均数的设想，一定会实现！

惊　喜

吴思泉

这次运动会是我最大的惊喜。

本来是抱着参与最重要的心态去跑步，恰逢我上一次运动会的劲敌，我总是败在她们手下，这次自然是满满的绝望之感。起跑线上，我又冷又紧张，发令枪响起，我便使出全身力气冲出去，不敢回头看，更不敢看四周，这样只会让我有心理压力。向前拼尽全力地奔跑，冲过终点的一刹那，记录员便跑上来问我道次，我居然进了前四!! 这是我始料未及的。

这次旗开得胜使我有了信心，我站在二百米的起跑线上，长吁一口气，这次一起跑步的依然是上次没跑过的同学，没想到，在弯道处，我超了她们!! 快到终点了，我感到一切像梦一样神奇，虽然跑得喉咙胸口有点难受，但是还是忍住了，径直冲向终点。

多亏了每天晚上的跑步，使我的技术有了质的飞跃，在附校，我得到了很多，并会得到更多。

十佳歌手大赛

吴　涛

今天，学校组织了十佳歌手大赛，全校人都沉浸在音乐的海洋里。

来自各个年级，各个班级的学生济济一堂，原本宽大的尚雅楼礼堂顿时人头攒动。大家坐在自己的位置上，迫不及待地望着舞台，等待演出开始。

终于，大家期盼已久的比赛开始了！主持人报幕之后，第一组选手便上场了。他们五个阳光帅气的男生，共同演绎了一首《My love》。他们个个嗓音独特，为我们奉上了一次听觉盛宴。

紧接着，就是我们班小仙女龚怡文的独唱了。她带来了一首《追梦赤子心》，在高音部分并不胆怯，反而像打了鸡血一般，用尽自己全身的力气，结果却出奇的好。“向前跑，带着赤子的骄傲……”这不仅是一句歌词，它仿佛唱出了我们的心声，那是我们奋力拼搏的写照。那一段歌声震撼心灵，每个人都不由得为她而鼓掌。一曲终了，余音绕梁，久久不能平息。

接下来，就是茅译天的独唱了。她别出心裁地选了一首日文歌。虽然歌词我们听不懂，但是音乐是相通的。我们都陶醉在她婉转悠扬的歌声中。整首歌曲音调十分高亢，茅译天把握得十分准确，既没有唱得低调，又没有破音，整首歌的起承转合都做得十分漂亮。LED 屏上的漫画，如同这首歌一般的凄美。不过令人惋惜的是，尽管她唱得那么近似完美，却依然没有进入十佳。

经过几轮的角逐，十佳歌手大赛终于在绕梁的余音中落下帷幕。我们班取得了不俗的成绩，一位选手还进入了十佳歌手的名单。这确实值得我们骄傲，在我们的书页上又画上了一笔浓墨重彩。

希望明年能够继续举行这样的比赛，我相信我们班的同学一定会继续大放异彩！

筹备中秋晚会的故事

吴昕睿

去年开学之初，我便在班长选举中旗开得胜。然而这个职位也并不是好当的，开学十几天便接到了一份从未尝试过的任务——策划中秋晚会。

从老宋那儿接到这份任务，我心中忐忑不安，毕竟以前也没策划过这样的活动，这是平生第一次呢。但身上总有一种前所未有的使命感和责任感促使我快马加鞭地去完成这项工作。头天晚上，我便坐在电脑桌前，马不停蹄地打主持稿。凭借以前的主持经验和不算太差（其实一般般吧）的文笔迅速打出开场白，再继续往下……实在没什么头绪的地方就上网搜一些好词好句，再加以修改后利用到稿子里。不知不觉间就已打了两个多小时了，揉了揉眼，再继续。每打一页，一行，一段话，甚至是一个字，在我的心中涌动的都是满满的成就感。

想着不久后，才艺展示、游戏……脑海里的这一切都将实现，将能在成长的画卷上增添一抹亮色，便又有了干劲。

后来，又去邀请同学展示才艺。不愧是海中基地班，每个人都身怀绝技，古筝、舞蹈、笛子、相声……而且大家都十分积极踊跃，毫不吝啬展现自己的才能，这也使我多安了一百个心。接着，我和父母通过微信，QQ，电话的联系，请到了一些热心的家长来和我们分享感恩故事。然后，借助网络上的资源，和手头的信息照片，还有我自认为比较搞笑的灵感，花了两个晚上做了 PPT，偷偷跟你们说我每天都做得晚过 11 点哦！最后又安排其他班干部买了些零食什么的，总算才把这个晚会筹备完了。呼哧呼哧好不容易哟！

晚会检验了我对策划工作的用心和态度。自始至终，我都担心发生什么小插曲，我的心一直是悬着的。随着晚会渐渐接近尾声，我的心逐渐放了下来，直至晚会结束，我的心才踏实下来，随之而来的是无法形容的喜悦。

成长的路上总会有考验，但只要我们肯去克服，烦恼和看似困难的工作真的是 so easy！

记忆，诗

徐李源

那么轻盈的背影
转身
就仿佛会消散殆尽
时间细密的薄纱
一层层掩上
往昔懵懂的自己

风染　芳华
是少时走过青海路的林荫道，掩饰着自己的兴奋
水波不澜的表情却被那不由自主从楼道的间隙间望向海中的眼睛所揭穿
纵然已逛过了祖国的很多大好河山
却仍然抑制不住内心的感叹——海中好大
就连一个孩子的心都装不下他

六年级，将面临着初中去向的岔路口
每天放学后几个小时的集体补习，一次又一次绷紧我的心弦
印刷纸上笔直的线条，深深束缚着我
再难的题目也无法使我停下脚步
因为每当我疲倦之时

凝视窗外那浓得化不开的黑暗时
我都能听到，海中的呼唤

暮春五月，是决战的时候了
是全市几千名学生的对决，是成功与失败的对决，是我与自己的对决
淅淅沥沥的雨下，仍然有几缕金黄的温暖
纵然雨天，阳光一直都在

水绽　流年
我到这一刻仍然无法相信这是真的
我站在了海中的校门前
稀里糊涂地，我便加入了这个集体之中
从天梯边向栅栏外望去
我看到了
当年从这里憧憬着海中的孩子

“一二一，一二一……”
那层层浸染的绿，在红色的跑道上奔驰
汗水，刺痛着双眼
是刚毅整齐划一的步伐
那一个个刚毅的背影
勾出了青春时最好的蓝图

我们在凉风习习的夜晚
坐在海中校园的长椅上，任清风拂过脸颊
身边有你们的陪伴，时光安好
只愿时间在这一刻停止，一直有你们的陪伴

花溅　心痕
再回首
已有一年匆匆逝去
年少的轻狂早已无处寻觅

岁月也与我们苍老了

入学的第一次考试
已经不像初一那么柔和了
剑刃展露了出来
似要将我们层层剖开
我们又将何去何从

再美好的事物
也有一个期限吧
芸芸众生之中
已经有了最快乐的回忆
再如何
也无憾了吧

只将这过去的一切
掩藏好
未来仍然在眼前

有你们，真好

严哲倪

2016年8月15日，我们成为了同学，就是一起学习，一起玩耍，一起梦想远方的那种。

还记得开学第一天，我坐在靠窗的位置，满心欢喜又有些许羞涩地打量着教室和同学，至今，犹能清楚地记得右边坐的是顾知航，带着可爱的婴儿肥，笑起来眼睛眯成了缝儿；后面是倪宇航，乍一眼看像极了哈利波特，不多言语，很腼腆；右后方是沈鹭，正专注地看《苏东坡传》，很文艺。暑夏，她却如一朵洁白婉然的玉兰花，温柔了小酌浅醉的静美时光。

还记得军训那会儿，我们在烈日下一起练习立正、行军礼、齐步走，一声声呐喊响彻云霄，也在我的心房久久嘹亮。夕阳西下，我们相视而笑，热得通红的脸上竟看不出一丝疲累。因为，我们在一起，互相鼓励、互相加油！

还记得宋老师开第一次家长会，让我们一定要学会游泳，给我们讲述了《班级经济学管理》的规则，提出了一系列学习要求，汗水浸湿了衬衫，但讲台上的他仍风度翩翩、有条不紊；第一堂语文课，郁老师走进教室，携着一丝淡淡的甜橙的香，优雅、翩然，带我们领略了最生动、最激昂的课堂。喜欢听她朗诵，这起起伏伏的声音如一首悠扬的乐曲，在我的心里循环播放。依然没有忘记那一声“小笨蛋”，如此亲切而调皮；忘不了袁老师高大的身躯，却演绎着最细腻的数学，和最清晰、灵动的思维。课后，我们称他“老袁”，他竟一点儿不生气；嗯，还有激情四射的茅老师，幽默风趣的李老师，沉着敏锐的董老师……都在那个和我们拳头一样大小的地方，留下了身影，永生难忘。

还记得第一次在操场上奔跑，三圈下来已是满头大汗、气喘吁吁，李洋洋、蔡夏磊等几个“小胖纸”显得尤为吃力。但时间终究带来了希望，初一下半学期，对于我们每个人来说，三圈已然轻轻松松。喜欢迎风时的凉爽，也享受逆风时的努力，不论是阳光朗照，还是阴云密布，操场上的我们总是朝气蓬勃、快乐无限！

还记得第一次得知我们每周只有一天休息，而且星期一至星期五晚上还要上晚自习时，我并不是那么高兴。一个星期过去了，竟觉得晚自习也挺好，与同学们一起做作业的效率很高，周六下午的生活很丰富、很充实。我们选择了自己喜欢的社团，收获颇丰。家长课堂上，了解各种各样的专业知识，体验妙趣横生的手工制作，都给我们留下了一段着实美好的记忆。赵佳欣妈妈在中秋来临之际教我们做冰皮月饼，我们认真地学，也时不时有淘气的男同学往你脸上糊一把面粉，倒也毫不生气，趁他不注意，一个“漂亮的反击”，他一怔，便也咯咯地笑起来。充盈着欢声笑语，像孩子一样，无所顾忌，单纯快乐！

哈哈，谁没有点“糗事”呢！还记得第一次午休，或许是因为还没有养成习惯，我深深地陷进美梦，“心无旁骛”地认真睡觉，所以结果是什么呢——老师已经站在讲台上，而我仍趴在枕头上安然熟睡，身边被一大群同学围着，呵，我当时还不知道！等到我好不容易醒来，见身边一群同学在狂笑，瞬间涨红了脸……现在想来，真觉好笑！

真的，有太多的“还记得”想说，但不用了，一切，都藏在心中吧。我们的心紧紧相连，像一个漂亮的圆，青春无悔，一班不散！真诚纯正，能者仁心！

加油吧！我亲爱的同学！展翅时，别忘了回头，因为那儿一定有我们的祝福！

创新大赛

俞　果

今天英语课下课，大家刚想出去呼吸新鲜空气，却被宋老师大手一挥，统统招呼进了教室，也不知道宋老师这唱的又是哪一出，“创新大赛就要开始了，同学们要积极报名啊！”他微笑地说着。我听罢，表面不露声色，心中却早已激动不已，暗想："太好了，终于要开始了，凭我天才俞果，有什么是办不成的?!"我到报名处，选报了创意焊接。就此，我开始为比赛做准备。

几天后，我拿到了器材，望着它们，心中不胜欢喜：瞧瞧这技艺！瞧瞧这做工！太符合我的身份了。我沉浸在拥有他们的喜悦之中。

但是比赛要获得好名次，必须要进行十分艰苦的训练。焊接的练习之艰苦，更是常人难以忍受的。为了比赛，我要牺牲自己的休息时间去练习。当别人在体活课上自由活动时，我却要不停的与200度高温的电烙铁打交道。练习当中，我的手曾无数次被烙铁头烫出水泡。焊接最需耐心，但曾经多少次，我因为心浮气躁焊错一个零件，而使整套装备报废。别人却全情投入，最终焊接得十分完美，与我真是有天壤之别。我情绪低迷，无尽心酸憋在心中无法抒发，甚至想过要放弃，但是我最终坚持下来。

无数天的练习，为的就是这一天的到来，比赛终于开始啦！我全情投入在里面，对于每一个零件，我都融入了自己的信心，并且牢牢地焊在了钢板上。每一个零件我都无比细致地对待，每一次焊接都是那么的小心翼翼。这是我的最后一次机会，我决定放手一搏。时间慢慢逝去，终于，我桌子上一堆杂乱的零件，在我的整合焊接下，变成了一台收音机。

考官盯着我的作品，左看看，右看看，仿佛快把眼珠瞪出来了，我的内心从未如此紧张挣扎过——成功与否，在此一搏！

"你合格了。"考官看着我，淡淡地说了这句话，霎时间，我以为我听错了……

那一刻，我激动地泪流满面，我，成功了!!

每日一题的故事

张栋辉

班级里不知道什么时候开始做起了每日一题，顾名思义，就是每天全班一起做一道有点难度的题目，晚上通过拍照的形式发给数学袁老师。

起初我们对这种新的做题方法充满新奇之感，每天积极地做题，然后拍给袁老师，袁老师帮你一步一步看下去，一点细枝末节都不放过。可是这样的状态没有持续几天，我们就兴趣大减。看见袁老师在黑板上写每日一题就发出哀嚎：怎么又有每日一题啊？同学们对待每日一题的态度渐渐地不比往日。

可是我们为什么要抱怨呢？袁老师每天都要看两个班同学发过去的每日一题，而且每一张都是认认真真看过的，有时一直要看到深夜。袁老师对于工作不仅仅是兢兢业业，更是为了学生付出自己宝贵的休息时间，我们还有什么可抱怨的呢？

可能是同学们也被袁老师这种伟大的奉献精神所感染吧，渐渐地越来越多的人又开始认认真真地做每日一题，我们班同学的数学成绩飞速上升，袁老师功不可没。

还有我们亲爱的班主任阿宋。他虽然看上去不是那么亲近，但是内心却是十分关心我们。虽然他不善言辞，但是我们仍能从他的一言一行中感受到。宋老师将他教育自己儿子的方法用来教我们，他让我们提前预习看似有点严厉，实质是希望我们能够快人一步，为未来的学习奠定基础。阿宋向来奖罚分明，对于好的，真诚地表扬，对于不好的，不是拐弯抹角，而是直接指出你的问题所在。阿宋还是一个注重完美，希望我们全面发展的好班主任。追求完美的意义，不在于完美，而在于努力。能拥有这样的班主任，是我的荣幸。

如此想来，每一位教我们的老师都是那么认真负责，他们将我们看做是自己的孩子，为我们的成功而骄傲，为我们的失败而惋惜。我们拥有如此负责的老师，怎么能够不努力学习呢？

我们班的“张靓颖”

张佳瑜

看到这个题目，你肯定觉得很奇怪吧。我们班的“张靓颖”，你的第一反应可能是一个唱歌很动听的女生，或者是一个外貌很像张靓颖的人。但是你错了，这个人和你想得完全不一样。她个子不高，有着圆圆的脸，唱歌一般。她乐于助人，经常乐呵呵的，有时候发疯起来像一个“疯婆子”。

这个表面看上去和张靓颖没有一点相似地方的一个人，却成了我们班的“张靓颖”。至于为什么，让我现在告诉你们听吧。

她的名字叫张睿靓，有一次我们的英语老师上课时，想让她回答一个问题，没想到老师看着她，脱口而出的居然是“张靓颖”，顿时我们班的人都纳闷了：张靓颖，好像不是我们班的同学吧，她不是一个有名的歌手吗？大家都开始窃窃私语，我也感觉奇怪，难道是我听错了？这时，老师也发现了他的错误：“哦，说错了，是张睿靓。”张睿靓站起来回答了问题，老师继续若无其事地上课，而这个名字却记在了我们班每一个人心中。

同样的事情也发生也发生在了语文课上。

那天语文课上，老师照常上着课，也想请张睿靓回答问题，竟然和英语老师不约而同地喊出了同一个名字——张靓颖。这回我们班因为经历了一次相同的事情后，淡定了许多，只是偷偷笑了几下。

但在这两件事之后，我们班的同学便按捺不住自己心中的喜悦之情，也都为了找些乐子故意叫张睿靓“张靓颖”。

渐渐地，张睿靓便成了我们班的“张靓颖”。

初中趣事

张睿靓

升入初中，又是一个全新的开始。校园里的一切都是陌生而新奇。面对着一张张新鲜的面孔，我应该用哪一个词去形容呢？简单一点，应该说是“有趣”吧。

第一次到饭堂打饭时，我会觉得有趣；第一次上语文老师的课时，我会觉得有趣。第一次和不熟悉的同学谈话，我会觉得有趣。每天都是同学们匆匆而来的身影，匆匆而去的背影，作业好像永远做不完，时间好像永远也不够用，每天都要和时间赛跑。尽管我们每天都生活在这样紧张的氛围中，可是我却觉得初中的生活十分充实，和“衣来伸手，饭来张口”的小学生活相比，我更加喜欢初中生活。因为附校的学习生活不仅富于我们新鲜、趣味，更重要的是，它会锻炼我们意志，锤炼我们的品格。这里的学习并不像想象的那么乏味，反而让我觉得有趣极了。

刚进初一的第一个月，严哲倪就荣获了“睡神”的称号。一天中午睡午觉，她一趴下去就仿佛没打算要起来，等预备铃响了依然睡得很香。一开始同学们一个一个地走到她身边，凑到她的跟前，然后咧着嘴离开了。她同桌实在看不下去了，使劲推了推她，没想到她一点反应都没有。后来干脆一堆人把她团团围住，有一个调皮的男生故意做着“嘘，嘘”的手势，说等老师来了看能不能叫醒她。整个教室顿时炸开了锅，大家你一言我一语的，最后几个女生使劲推才把她推醒，严哲倪丈二摸不着头脑不知道发生了什么事，那场面别提有多搞笑了。

“张靓颖，这个问题你来回答。”当我还丈二摸不着头脑的时候，宋老师自己也笑了起来，没想到我的名字居然和明星联系了起来，我想宋老师一定是张靓颖的一枚粉丝，他的口误倒也成就了我“张靓颖”的称号，十分有趣。

一想到这些有趣的事情我就情不自禁地哈哈大笑起来，这些趣事给我紧张的学习增添了许多乐趣。

不可能的任务

张希豪

还记得8月15号第一天军训的时候，阿宋就给我们布置了一个仿佛是不可能的任务：在9月1号到来之前，预习完七年级上下册的数学书，并把题目做在专门的本子上。

当时我们就都吓坏了，一整年的课程啊，都没学过，仅仅是靠着一本数学书，在这短短的15天内做完，这怎么可能呢？不过没有办法，也只能硬着头皮去试着做做看了。

就是这样，我开启了初中阶段的第一次连续熬夜。就像老话说的一样：眼怕手不怕。我居然仅仅用了十天，就将所有的预习作业完成了。这在现在我们班的同学看来，或许很平常，但是在当时的我看来简直就是奇迹。毕竟，这预习一整本书的作业可是相当于我整个暑假的作业。这对于刚刚离开小学的我来说，十天做这么多作业就是壮举。

这次的预习任务，虽然让我感到很劳累，但是也让我明白了在这个世界上是没有不可能的事情的，但前提是你要不怕苦，不怕累，并且敢去拼一拼。认识到这一点，对于我们海中附校的学生是非常重要的。因为在附校的学习生活中是充满了挑战的，有的看上去似乎很难，似乎是不可能完成的，但是我们并不能因此而放弃，我们要不断地奋斗，不断地努力，去完成这一个又一个的“不可能”。这就是我们附校的学生应该做的，也是我们必须做到的。

虽然在预习作业布置的时候，我们对阿宋充满了怨言，觉得阿宋是在故意为难我们，怕我们闲着。但是现在我们明白了阿宋的良苦用心，预习任务不仅可以使我们提前了解下一年的学习内容，为下一年的学习作准备，减轻学习负担，而且有更多的时间去拓展，更可以磨砺我们的意志，让我们在面对挑战的时候不会畏惧，永远充满干劲。

阿宋，谢谢您的预习作业。

稳　健

张臻毅

又到了每周六一项的特殊比赛了。本来这比赛应该是欢乐的，因为可以看到各班大佬强强对决，但赵乙的请求让我很紧张，再加上炎热的天气，还没到操场上额上就布满了细密的汗珠。

算了，还是先说说我的处境吧。这次比赛是夹乒乓球往返跑，本来人员都是定好的，但是赵乙在比赛前去操场的路上跟我说让我帮忙顶一下，他不舒服。我本想推辞，但是看他一副可怜兮兮的样子，我就知道我一定拒绝不了他，只好答应。

在不知道自己接下来要干什么的情况下我

到了操场，然后看到我们班的同学正在练习。可以练习！这真是不幸中的万幸。我的手抖得不行，心跳急促，脚底虚浮，赶快趁赛前准备的时间练一练。

终于还是到了比赛的时间，我和我的队友们站到一块，然后心慌地转身问了一问："这个有没有什么技巧之类的啊?"得到的回答是："我怎么知道？我们也没练过啊。"一想到大家都没练过，我就放松了很多，至少手滑了不会被当成是重大失误，也有个好的交代。再说了，我的自我感觉也比较良好，在前面练习的时候感觉自己是很稳健的，失误不多，不过一切都要看临场发挥了。

在接到前一位同学往返送过来的乒乓球和筷子之后，我不顾一切地一路狂奔，不知是为何，总之我在夹着球跑的时候完全注意不到手里有东西，手上的动作固定好之后就一点都不会抖，特别稳。别的班的选手们都一个个"减速慢行"唯恐球掉下去，而我却丝毫不顾忌这一点，就像测 50 米一样尽力，甩了他们一截，于是我就膨胀了，开始脑补我拯救世界的画面，结果跑着跑着就走神了（我也不知道我是怎么做到跑着走神的）。一不小心就跑过了头，我慌忙的回过神来，然后就注意到了手中的球，一想到自己肩负的伟大使命，我就开始紧张起来。体育竞技最怕的就是紧张，虽说适度紧张有益，但是过度的紧张就会让人失去信心，心烦意乱，甚至发挥不到正常水平。我的情况就是这样，脑子里瞬间过了千百遍失败的后果，越想越慌，终于还是在急刹车加调转车头的时候一个手滑让球飞了出去，我慌忙捡回来，重新夹好，虽说这过程也就一两秒，但是却足以被别人追上一大段距离了，虽说我回程时的冲锋又拉开一点差距，但是还是无济于事。

我发现我出问题的原因就是不够稳健，太过急切。虽说急切没什么不好，就像刚刚别的班为了保护球都刻意减缓速度，避免失误，才会让我有拉开距离的机会，但是我也正是因为急躁而把球玩丢，让别人重新赶上。可以说这两种心态都不算错，都有各自的道理，但都是不可单独存在的。只有做到把这种迫切感和稳健的意识融合在一起，做到能够确保稳健的同时不失紧张感，这才是最最妥帖的做法。

这次稀里糊涂就被抓来临时凑数的经历，让我知道了一个非常实用但是非常难办到的为人处世的方法，现在最主要的就是培养这么一种思想。修身养性，千万不能太暴躁，要平和，平……和……

鹭 鹭

赵佳欣

上了初中以后，我碰上了一个乐于助人，心地善良，却又有那么一点自恋的人——沈鹭。

每次我没考好，她总会安慰我，把我不会的题目教懂，告诉我只要努力了就好，叫我不要紧张。我总想，什么时候我也能这么帮她，不过这一年多来，她没有一次没考好过，次次都是特优生的她还是那么踏踏实实。

第一眼看到她，觉得她是一个温文尔雅，很可爱的一个人，接触久了，发现她是一个开朗外向的自恋症患者。她向我炫耀她很白（我的肤色也实在不敢恭维），她告诉我她发现了一个规律——坐在我前面的人都很黑，而坐在她前面的人则都很白，借此来衬得我白一点，衬得她特别白……结果，她说过这句话不久，老师就换了座位，她坐在了我前面，她前面坐了一个肤色同样不敢恭维的同

学……她向我炫耀她很白，然后，笑！站在镜子前告诉我是“鲜明的对比”，然后，大笑！一次她刚向我炫耀完她的白，电视里突然跳出一个黑人讲话，我们对看一眼，然后心照不宣地，狂笑！

沈鹭唱歌很好听，几乎什么歌都能哼上几句，听她聊歌，对于不听歌的我来说，简直是听天书，我也不管，只管听她唱就是了，只可惜她一直循环播放《洗澡歌》和《数鸭子》这两首，又找不到开关关掉她，郁闷……

她是一个很可爱，品学兼优的人，我，要好好向她学习！

钱包去哪儿了

周德翔

一个平常的晚自习，同学们拖着疲惫的身躯纷纷走出教室。我整理好书包，刚想和栋栋、小胖同路，老范神不知鬼不觉地飘到我的身后，拍拍肩膀，着实将我吓了一跳。“翔，今天能不能帮帮我？”疑窦丛生，老范便一语道破：“我钱包落在音乐教室了。”

原来如此，今天还有一节音乐课。我犹豫不决，最后还是决定陪老范找钱包。

踏着黑不溜秋的小道，步履匆匆。老范很着急，想必钱包里装着“重金”。不一会儿跑到了教室，推开门，打开灯，便仔仔细细地搜查过去。每张椅子，每个角落，甚至电子琴下面的空隙都被我们翻了个遍，还是没能找到。老范心急如焚，又带着我匆匆忙忙跑回教室，先是翻他自己的课桌，显然无处可寻。然后盯着他同桌小胖的位置，依然事与愿违。

教室里的灯并不明亮，反而有些昏暗。翻箱倒柜，仔细检查，结果一无所获。老范的汗珠渐渐从额头上沁了下来，滴到地上，我也只能在一旁干着急，却无能为力。

循着夜色，再一次推开音乐教室的大门，来到这个熟悉的地方，我们分工明确，他主要搜查座位与座位之间的空隙和扶手，我则是一遍遍翻着绿色的帘子。地上各种空饮料瓶，什么美年达、七喜、7coin，看得很不顺心。不知过了多久，老范抬起头来，眼神迷离，蹙眉屏息，我心中有种不祥的预感。果不其然，他失望地摇摇头，表示一无所获。

所有的努力全都无济于事？看来事实就是这样。我们沮丧地下楼，望着茫茫的夜色，路上三三两两的行人，校园也是出奇得空旷，死一般的寂静。

“我还是回去以后再在微信群里问问吧。”

“看来只能这样了。”

“谢谢啊。”

“嗯。”

回到家，微信群里果然多了一条信息，但令人尴尬的是无人回复。

说来倒也奇怪，几天以后，老范就莫名其妙地找到了钱包，而且正是在座位下。真是令人百思不得其解。

勇　气

周嘉妍

从小我就是一个胆小的女孩，还记得第一次登上讲台是因为英语演讲，我坐在第一排，却迟迟不敢迈出那第一步。讲的时候就一直装作很淡定，但是还是没能忍住，说到一半就卡住了。站在前面望着台下一双双还很陌生的眼睛，眼泪就不受控制地往外流。我努力地控制住我自己，但在众人面前抹眼泪真的很尴尬，我握紧了拳头，哽咽着坚持把演讲稿读完了。记得那天英语课代表在黑板上写下了“take it easy”三个词，在那个夜晚，它们安慰了我许久。

第二次上讲台是为了语文演讲，我讲的主题是自信，可我偏偏是个不自信的人。讲这个主题时，仿佛整个班的人都想看我的笑话，我听着台上一声声“谢谢

大家”，在台下深深地呼了一口气，犹豫了一秒，起身来到讲台前，目光却还是不敢看着同学们，一直盯着后面的钟。讲到一半时，我听到台下有一个人笑了一下，我的自尊心似乎受到了打击，一股委屈的眼泪就涌了上来，我停在那，说不下去了，用牙齿抵住了嗓子里发出的哭声。那一次，郁老师的鼓励和同桌吴涛的一句“周嘉妍，你要坚强”一直支持着我，直到现在。

为了让我变得勇敢，我主动承担了晚上语文放视频这一重任，也逐渐习惯了在众目睽睽之下，来到我惧怕的讲台前。后来的演讲一次比一次好，至少再也没有哭过。

记得一年前的校园十佳歌手大赛，我在茅译天的鼓励下，勇敢地报了名，虽然没能进入决赛，但也是我自己一个很大的进步。

在这个充满友爱的大家庭里，我不仅有着一群可爱的同学，还有一群支持着我的“亲人”。有在我困难时安慰我的“妈妈”茅译天，不断激发着我对英文歌曲的喜爱的“姐姐”梁文涛……他们在我伤心难过落泪时陪伴着我，让我在学校里的每一天都充满欢笑。我们一起想着如何在食堂占座位的策略，一起在体活课时操场上奔跑……当然还有一群可爱的“动物”——甲鱼，乌龟，狗。班级的每一个角落弥漫着八卦的气息，早晨热火朝天的英语背书声……

学校里的每一件事都触及我心，让我在这个大家庭中变得坚强勇敢。

能仁班
家庭教育故事

“敛”一段最美时光

严哲倪家长

闲暇时，总爱打开电脑，点击以活动关键词命名的文件夹，翻看女儿童年时一次次登台比赛、演出、或是出游的照片，重温那一幕幕、一段段最美好的时光……

今天是一个充满爱的日子，手机朋友圈被520刷屏。午后，我坐在电脑前，完成老师布置给我们家长的爱心作业。我不假思索，点开了那一次为书香家庭评选建立的文件夹，也毫不犹豫地定下了本次作业的题目。

意外的惊喜

记得那是3月21日的傍晚，我带着些许倦意驱车下班，“嘀嘟——”这时，班级QQ群弹出一段话：“根据民主评议，盛楠茜当选为书香学生，严哲倪家庭当选为书香家庭。请家长协助填表。”短短的两行字顿时让我从倦意中苏醒，紧接着是一阵愧疚，这样的荣誉我们受之有愧。于是，马上在群里做了回复“收到，感谢老师和孩子们对我们的鼓励！”当晚就完成了表格的填写，还等女儿晚自修回来一起完善确认，共享这意外的惊喜和莫大的鼓舞。这事就此告一段落了。

短暂的纠结

又是一个傍晚，那天是4月10日星期一。我正在和爸妈共进晚餐，“嘀——”一条来自班主任宋老师的信息，我瞬间惊呆了，转而纠结，这可咋办呢？真要全家总动员啊？还是和老师打个招呼弃权呀？本以为二十天前申报的书香家庭已成过往，怎么也没料到还要出一个展示节目，第二天上报节目单，平日里还算淡定的我这下直盯着手机屏幕……

回家的路上，我和先生商量着，首先觉得不能弃权，要给孩子一个榜样，然后讨论几个人上台、诵读的内容、展示的形式等，似乎找到了一些框架。但经了解，下周就要全市比赛，据说竞争很激烈，又把我们刚建立起来的一点信心给抹掉了。于是电话给曾经的同事，她们除了极力支持我们上台以外，还觉得如今的我似乎更关注女儿的校园生活了。

默契地商讨

晚自修结束，我把自己的设想和女儿进行了交换，她脱口而出："爸爸也上台啊?""是呀，这样才有家庭的味道。再说，不要小看了你老爸，他的一手好字可以现场展示。"我解释着。"那你要让爸爸好好练啊。妈妈，我还有个想法，我可以给你们现场钢琴伴奏。""你和我的想法一样一样的，要不我再来个简笔速写，这样琴棋书画基本全了，也足以体现书香味儿了。那你说我们选择什么内容朗诵呢?"我试着追问女儿。"我们可以模仿最近董卿主持的《朗读者》，如果自己创作可能评委打分更高。"我点点头，但心里嘀咕着这要花多少时间呀?

精心地准备

与其说是撰写朗诵稿，不如说是"敛"一段美好的家庭回忆；与其说是制作ppt，不如说是回味亲子阅读的乐趣；与其说是上台练习，不如说是找寻学生时代的梦想。为了展现最好的自己，我们仨各自先熟读朗诵稿。"比赛定于4月16日周日下午进行。"13日下午收到宋老师发来的比赛通知，正在开会的我一下子傻眼了，稿子还没记住、更不用说上台练习，我有些坐不住了。马上联系原来学校的同事，准备下班后和先生重返校园登台练习，这一练就是两个小时，伴着音乐，一遍又一遍地朗诵着，不放过一个眼神、一个动作，甚至一个发音……晚上回到家，我们再和女儿配合着练习。离比赛就一天了，可女儿还没能完整地练习伴奏曲，在宋老师的帮助下，周六利用中午时间来到学校尚雅楼，当手指落到琴键时，女儿一下子找回了往日的感觉，流畅地演奏着。

投入地展示

我们拿着画板、笔墨、卷轴等道具来到比赛场地，看着周围的参赛家庭谈笑风生，个个胸有成竹，我不禁有一丝担心。"宋老师来了!"女儿喊道。"参赛的家庭不少啊，今天评选十佳，我们只要拿个第八第九名就可以啦!”宋老师似乎看出了什么这样安慰我们。“7 号严哲倪……”熟悉的《夕阳箫鼓》过后便是柔和的《夜的钢琴曲》，伴着琴声，我和先生从两侧走到舞台中央，开始了朗诵，期间的阵阵掌声是对我们最好的鼓励和肯定。当女儿说完“问渠那得清如许？为有源头活水来”时，台下又响起了热烈的掌声。我长长地舒了一口气……那天晚上接到通知说我们以第一名的成绩进入“十佳”，还推荐参加全市阅读节的汇报演出。这时，一家人正在欣赏宋老师给我们拍摄的美好瞬间……

点滴感悟：作为家长，应该给予孩子积极向上的生活态度和从容淡定的处事方式，不要因时间紧而轻言放弃，因为今天生活的点滴都是明天最美的回忆。

坚　持

俞果家长

不夸张地说，从收到信息知道要写故事任务，到回顾一年点点滴滴、搜寻故事素材，整个过程真有点搜肠刮肚的感觉。一年里孩子不成熟的心理、懒散又有些顽皮的性情、胆怯的处事态度等等都造就了他在学习上的困境，也让我们和老师操碎了心。似乎这一年的每一天都在纠结孩子成绩的低迷。我知道，这样的他其实内心也并不快乐。

但是再不足的人也有成长，不去横向比较，只关注孩子自身还是能发现他的些许闪光点的。也许闪的光在旁人看来那么微不足道、那么微弱，例如上次的教育故事里写过的爱运动、能克服胆怯主动参加比赛、能为比赛主动勤奋练习等，这次我想写写他的坚持。

初一下学期期中考试前，我发现孩子走路的身体形态总是有点奇怪，从侧面看腰弯的曲线有些不正常。问他有没有不舒服，他回答说没什么，我想可能是因为太胖的缘故，学习时间紧张，只能等暑假有时间了再带他去医院仔细检查。暑假里去医院才知道他这奇怪的弯曲是有原因的，不小心的受伤造成了骨盆错位，这名词听着就感觉很疼。问他记得什么时候摔过吗，有没有觉得很疼，他想了想说好像疼过，但是怕我们担心自己坚持了几天后就不觉得疼了，突然间有点痛心他的坚持。医生说复位后必须长时间躺着康复，最重要的任务便是减肥，因为受伤再加上肥胖，一直过度承重的腰椎也要恢复，在我看来这两个医嘱哪个都不是孩子能做到的，心里很担心。

令我意外的是一回家他就乖乖躺床上去了，还跟我说以后饭帮他少盛些他要减肥。我知道他的毅力，我想也就乖这一会，冰箱里刚买的冷饮对他来说是巨大诱惑。但是他用实际行动告诉我，我小看他了。从那天起他每天每顿饭都会叮嘱我不要多给他吃，天再热也是喝点凉开水，偶尔看到肉或想到冰箱里的冷饮还会两眼放光，但又立刻会收回目光说不吃、会胖的。一天天地坚持，我惊喜地发现他肚子上的肉少了、胳膊和腿也细了、原先很多码数正常却因为肥胖不能穿的衣服又能穿上了，开学时见到孩子的同事都惊讶他的减肥成果，问我是不是让他运动减肥了，我笑着说一个暑假都躺着哪来运动，之所以能减肥全在坚持，没想到这小子还真能熬下来。

另外因为只能躺着，他的暑假作业令我着实担心，一年来很多作业都是在我不断催促下完成的，有时候还完不成，现在这个样子更难完成了，跟他一起苦恼要不要跟老师说一下，他看我为难的样子咬咬牙说不用，他趴着做。于是每天都能看到这样一幅场景，一个胖胖的身影趴着写作业，写写没耐心了或是累了便翻翻身，再想想又翻回去写写，有时候床上趴累了又在地板上趴着写写，好像换换环境也能轻松一些，每次看到这样的他都觉得又好笑又感动又心疼。

孩子在这件事上的表现告诉我：其实很多事上不着调的他，有决心肯坚持的也是他。只是他经常被懒惰、畏难的思想占据上风，希望他能尽快认清自己的不足，牢记没有轻轻松松的成功，理解父母老师的苦心，明白自己的责任，把这咬牙坚持的毅力用在学习上，让坚持成为自己的一种品质。我坚信这付出一定很快便会收到回报。

我与孩子共成长

蔡夏磊家长

在我的印象中，孩子还算是很独立、很自觉，学习上基本不需要我们担心，做事井井有条，很有计划性。自从进入中学以来，无论是在生活中，还是平常的学习中，我们总能发现一些细微的变化。因为孩子在长大，个头长高了，心理相比之下成熟了些，所以在教育方面我们也做了相应改变，更倾向于侧面点拨、启发不足之处，并加以改善。

今天我来分享一下，我与孩子的故事，希望能够互相借鉴，互相成长。

在我的教育理念中，很重要的一点就是做任何事都要坚持不懈、持之以恒。好多孩子做事只有三分钟热度，比如看到一件新鲜事物就会忍不住想去尝试，但是时间一长，没有了兴趣，就自然而然地放弃了，我觉得这是一个很不好的习惯。大多成功的人或事，付出的时间和精力，都是常人难以想象的。记得那年暑假，我家孩子说是要去游泳，我当时很支持，除了学习知识之外，游泳既能锻炼身体，又能学习到新的技能。第一天，孩子很开心，到了新的环境，遇到新的伙伴，新鲜事物总是让人觉得兴奋不已。过了两天之后，新鲜感没那么足了，开始说训练好累，腿好痛，天气太热了，想休息休息，过几天再去学游泳。以我对孩子的了解，估计是刚开始学习基本动作时强度有些大，自己又产生懈怠的心理，所以我感觉他是坚持不下去了。那天也就没让他爸送他去学习，直接把他带到了店里，让他看着我们是怎样从顾客进来最后成功做成一笔生意的过程。所有的事情都大同小异，让顾客成功下单，这个过程绝对不能半途而废，否则所有的努力都化整为零，对于孩子的教育，直接明说的效果，不如用自己的经历来做榜样。我记得第二天，孩子就主动说去学游泳，中间没有落下一节课，很快就学会了。

时代变了，教育的方式也发生着改变，古有孟母三迁，孔融让梨，今有循循善诱，细心教导。孩子有自己的自尊心、自己的想法，强迫他去做一件事，不如让他从心底接受这件事，并且落实行动完成它。学习也好，将来工作也好，没有什么能比热爱更能激发出自身无限的潜力。

回忆一二

王诣帅家长

万事开头难

记得儿子刚进海中附校军训的第一天，前一天晚上还好好的，到校那天早上起床发热拉肚子一起袭来，可能是水土不服的缘故，到了晚上整个人都不好了，没办法只好带回家去医院挂水。经过一晚上的折腾，到了第二天，儿子坚持去学校参加军训，我跟儿子说：“刚来上学就给了你一个下马威，上海中附校不容易。”到了晚上回家儿子精神百倍，我知道儿子恢复了，放下了担忧之心。他也很开心，跟我讲军训中的一系列的事。虽然摸底考试考得并不好，但是这只是对儿子的一次锻炼，万事开头难。

生活中会碰到各种各样的事，但是不要被困难所吓倒，勇敢面对。万事开头难，不畏难的精神是对待万事开头难的巨力法宝，而坚定的信念和勤奋的动作，是走向成功的必经之路。

循序渐进

小学时并不知道上了初中有月考这件事，刚开始的时候，儿子每个星期的各门考试考得并不好。不是自己理想的分数，回家垂头丧气，连小学时最拿手的数学也是一团糟。我跟儿子说我们跟海门的学生肯定有差距的，要有一个适应的过程，妈妈给你半年的时间去适应，看看到时的情况。儿子这才打起精神，全身心地投入学习。不负众望，第一次的月考儿子考入了特优生的行列，初次尝到甜头，学习更加地来劲了，并朝着既定的目标努力着。

遇到困难不要气馁，凡是都要认真对待，按一定的顺序、步骤逐渐进步提升，最后达到自己理想的境界。

我的家庭教育故事

黄钰雯家长

家庭是孩子的第一课堂，父母是孩子的第一位老师，也是孩子做人的楷模，孩子的许多品质、习惯的养成都需要家长正确的引导和督促。女儿从小就是腼腆内向、“与世无争”的性格，自小学开始，学校的活动从不主动参加，基本都是应老师或家长要求而参加。她一直认为自己只要会做，活动参不参加无所谓。我们也多次跟她沟通，希望她积极主动参加各项活动，而不是被动参与，但效果不大明显。自进入初中以来，特别是在海中附校这样一个提倡展示学生个性、培养学生多元化发展的大环境之中，转变女儿的这种性格就迫在眉睫了。

克服是新的开始。记得开学不久，学校组织首届读书心得交流大赛，课代表想让女儿参加，女儿当时不好意思拒绝就答应了。回家以后就对我们说，她只想安安静静地上课、学习，每次都能考一个好的成绩就心满意足了，为什么非得要参加这个或参加那个活动呢？以前碰到这种情况，我们一直让她自己做决定，但是现在情况不一样了。一是觉得孩子逐渐大了，不能听之任之，还有就是觉得如果不改变这种性格以后很难适应这个社会。我们动之以情，晓之以理，告诉她一个人将来成功与否，不仅仅是需要学习成绩，更多的是将来能否更好地融入这个社会，这就需要多方面的能力。这次比赛就给你提供了一个很好的展示自己的机会，况且你也不是没有这个能力。在我们轮番上阵的思想攻势之下，女儿终于愉快地接受了这个任务，查资料，写读书心得，认真做 PPT，最后在比赛中取得了好名次。女儿回来告诉我，如果下次再有机会演讲，我要好好准备，一定比这次讲得更好。克服“怕事”的心态，对女儿来说是一种新的开始。

教育不是一蹴而就的，观念和性格的转变也是这样，孩子的成长道路上，家庭教育任重道远。

育人先育己。母亲节前夕，宋老师布置了一份作业，是写给妈妈的一封信，是母亲节的礼物。女儿洋洋洒洒写了很多，还告诉我这是一份特别的礼物。母亲节那天，在班级微信平台上我看到了那封信，在信中女儿对我提了三点建议，其中一条就是少看电视、手机，多读书。平时我在孩子的面前一直教育她要这样、那样，现在孩子提出的建议我一定吸纳，要在家里营造一种民主的氛围。现在我每天坚持看书，女儿告诉爸爸，以后妈妈让我做得我也一定做到。

我们是孩子一生之中的第一位老师，我们的一言一行是影响孩子成长的重要因素。

对孩子的教育在慢慢摸索中，我觉得，我们是和孩子一起在成长。培养、教育孩子是一个艰巨的任务，是个漫长的过程，需要我们和孩子斗智斗勇，需要老师和我们家长持之以恒的督促和指导。

孩子上初中以来的改变

周德翔家长

时光荏苒，如指缝中的细沙，握不住，匆匆流过。转眼间孩子即将跑完初中长跑比赛的第一圈，过去一年里，孩子有过失，也有改变。

在这一年中，他从懵懂无知的小男孩变成了一个有自主能力的少年。真让人感叹韶光易逝。

记得刚进入初中的第一次摸底考试，由于在小学里漫不经心的坏习惯蔓延整个暑假，心态不端正，导致出师不利。我们着急，孩子更着急。那段时间内，他努力尝试缩小与先天条件优厚的同龄人的差距。事实上，他完成得很出色。他摒弃了以前不良的学习方式，挑灯夜读，查漏补缺，课内课外两不误。经过半个月的不懈提升，孩子的学习成绩终于有了回暖趋势，着实让我们欣慰。作为家长，目睹孩子在挫折面前不言弃，取长补短，自觉独立的行为，才真正感受到这个孩子蕴藏的巨大能量。

上个学期以来，成绩虽有微小波折，但可算得上比较理想。于是，孩子身上又出现了一些不良习惯，学习没有之前勤奋踏实了。记得上次英语默写他迎来一生中第一个不过关，这自然让他有些害臊，他也很怕我们批评。然而，他的母亲也只是稍微询问了一下这件事，并将宋老师的信息如实告诉他。没有责备，多的只是宽容与慰藉。作为能仁班的学习委员，他当然有心感受到了家长与老师对他的期待，不负所望，他在后来慢慢调整过来，逐渐找回自信与力量。这就是一个青春期孩子的争强好胜，他并不把努力挂在嘴边，却实实在在地用行动付出，难能可贵。

孩子当然也有很多不足，诸如心态、沉稳等方面。孩子看到这篇文章，甚至不需要看到，他心里也一定比谁都清楚。我们家长能做的只是引导他做对的事情，为他营造一个良好的学习氛围，具体的要求还是要靠他自己的自觉性和韧性。

上初中以来，孩子的确有了很大改观，这正是学业关键的时候，必须要让他夯实基础，以谋发展。初中的道路说长不长，说短不短，希望他自己能够珍惜这有限的光阴，创造无限的力量。

倾听的故事

龚怡文妈妈

有时候孩子在成长的过程中，纠结于一件事情无法摆脱时，作为有智慧的父母应耐心听她倾诉，帮她理清烦恼。

那天晚自习一回到家，女儿就开始絮絮叨叨，说班上两位同学之间的事情，这件事情以前她也讲过，我们只是说：你不要去管别人的事情吧！把自己的学习搞上去才是最要紧的。但今晚女儿好像听了其中一位同学说给她听，说那个同学说她长得不好看，额头上很多痘痘，还说把她的心灵交流本也看了等等。越说越生气！我听了很不耐烦，便开始数落她了，说你不应该有那么多的小心思来烦别人的事，你每天的心境在为别人之间的事情而烦恼很不值得。很显然，我这样的态度使她一下子就炸开了，说我们怎么老是帮着别人说话，到底还是不是亲生的？那晚她很伤心地哭了很久，我们的心情也很糟糕。

没想到，事情在不经意间会发生逆转。

第二天晚上，去接她时，我的心情还有些忐忑不安，女儿从校门出来，对我说的第一句话："妈妈，我现在想通了，那位同学其实并没有她说的那么不好，她现在再在我耳边谈论她不好，我听了也好烦。"这一刻，忐忑的心才安定下来，我说了一句："妈妈为你高兴，纠结你将近几个星期的事情终于可以释怀了。"我顺势跟她说："妈妈需要与你共同成长。其实每一个在你生命里出现的人都是必然的，都是有原因的。喜欢你的人，给你温暖与勇气；你不喜欢的人教会你宽容与尊重；不喜欢你的人，让你自省与成长。保持良好的心态，坦然自若，体会美好，懂得感恩，善待周围每一个人，传递爱和正能量！"

有时候，女儿也为了学习的事情而情绪低落，总把自己归类在成绩不好的那个层面。我们也是一直鼓励她，只有通过自己不懈的努力，有学习才会有进步。拥有这么好的学习环境，这么好的老师，还有这么多积极向上的同学，是你今生最大的福气，你一定不要气馁！骐骥一跃，不能十步；驽马十驾，功不在舍！

家庭教育故事

范佳豪家长

上了初中之后，孩子投入到学习和作业上的时间明显增加了，即便是放暑假的时候，也是常常分配好了每天的的时间段来学习。还记得上个暑假的时候，邻居经常去附近的河边钓鱼，孩子听说了便一直嚷嚷着要跟着去看看。

从我心底来讲，我是不太支持的。他们爱好钓鱼的人，往往是刚吃完中饭便去找个河边阴凉的地方垂钓了，外加钓鱼是一件慢节奏的事，随便看一看，中午午休的时间估计就这么没有了。何况夏天的中午天气那么热，即便是在河边的树荫下，也算不上是件惬意的事情。

然而耐不住孩子磨了几天，我最终还是同意了孩子想去看看他人钓鱼的想法。本以为这样一件慢节奏的事情，像孩子这样图热闹并不懂行的人，看了一会估计没耐心了也就回来了。出乎意料的是，直到我小睡一个午觉起来，还没见到孩子回来，我忍不住去他们钓鱼的地方，看看具体的情况。

临近河边，远远地便看到孩子还在认真地看着河里的鱼漂。走近一看，发现孩子头上早已有汗珠出现了，不过看得出来，这炎热的天气丝毫没有影响他观察垂钓的兴致。发现我来了以后，孩子很开心地拉着我去看水桶里游荡着的几条小鱼，跟我叽叽喳喳地讲述这钓鱼过程中的一些细节，那些我自己知道却不会特意跟孩子提及的知识。

看着沉浸在讲述自己收获之中的孩子，我突然之间意识到了自己长久以来不太注意到的东西。很多的时候我们去教孩子一点东西，让孩子去努力接触学一些东西，可能更多的还是建立在我们自己的想法之上的。但是，我们永远不能忽视了，最为关键的还是孩子自身对于知识的探求。

考上一个好的初中之后，引导孩子去努力学习，以求一个好的高中和大学。但是本质上的，学习不是限定一个死的任务，更应该像是一种对于知识的探求跟爱好。我想，这大概便是很多大家所强调的，要学一些“无用的知识”的内在用意吧。课本上的知识，是必须要掌握的一个方面，但仅仅凭书本，是囊括不下足够多的知识点的，引导孩子自发地去享受探求知识的快乐，会比督促他记住一本书上的内容，做会所对应的那些题目，更加得具有意义。

因为随着孩子学习得越发深入，我们能辅导的东西已经越来越少了，一些东西可能是我们学过但是已经忘记了的，更多的东西大概是我们不曾深入接触过的。所以所谓“引导”，大概便是这个意思，是引人好学，而非仅仅灌输知识。

破锁记

王乾淳家长

对于习惯好的孩子来说，及时完成作业一直都不是问题，可这却是我们心坎上一道久治不愈的伤。自小学高年级开始，儿子就习惯于周日下午才开始做作业，并且需要几番催促，作业时还磨磨蹭蹭，这个坏习惯一直延续到了初二开学，屡教屡不改，很是头疼。而随着孩子一天天地成长，叛逆的芽也慢慢地从那日益丰盈的小心眼里探出脑袋来。时不时顶个嘴，对你不屑一顾，不想理人就“啪”把门锁上，老半天不出来。

这天又是周日，儿子依旧自得其乐地在沙发上看电视。规定的作业时间到了，儿子心不甘情不愿地走到房间，关上门开始了他的作业时光。一个小时、两个小时、三个小时过去了，依旧没有完成作业的迹象。我忍不住敲门问：“还有多少作业没做?”“还有一篇作文。”我心里的郁闷花了很大力气才压下，不在他做作业时发火消耗时间。晚饭时间到了，儿子终于从房间里出来，说作业做完了。晚饭后，鉴于他之前有漏作业现象，我要求把作业都拿出来检查一下。儿子不乐意了，我忍不住批评了几句，他一副不耐烦的样子，开始恶言相向，我顿时火起：“你说什么？家里人是你骂的吗?”儿子一脸愤怒，走进房间，“嘭”的一声巨响，门关上并落了锁。我们在门口反复多次喊开门，门始终紧锁着，终于忍无可忍，爸爸找来了螺丝刀和榔头，把门上的螺丝拧了下来，打算把门锁拆下来。可惜门从外面还是打不开，对着纹丝不动的门和门里轻声哽咽的儿子，爸爸怒到了极点，榔头对着门锁就砸了下去。随着锁零件和木屑不断地掉落，门锁终于架不住门框，门被打开了，看着躲在床头哭泣的儿子，心头的怒火也随着打开的门渐渐平息。爸爸说：“今天我不骂你，也不打你，现在门锁坏了，你再也不能锁门了，以后有想法和意见我们面对面谈，不要用言语伤害自己最亲的人，像个男子汉自我反省一下。”儿子在我们出房间后，努力地用透明胶带修补着已有一个破洞的门……

打那以后，门一直没有重新换锁，我们随时都能推开，但也会事先敲门。儿子没了门锁的阻挡，作业的速度也快了起来，有时也愿意跟我们聊上几句。看来，房间的门上不了锁，我们心里的门亦不会上锁，在孩子慢慢地成长中，我们也在不断地学会成长，适应成长。

我的家庭教育故事

徐李源家长

教育是现代人生活的一部分，教育不是升学，不是训练，不是管束，教育是人性成长的追求，教育从根本上说是培养人感受幸福、追求幸福、创造幸福的能力。如果说学校教育是传授知识，那家庭教育就是培养人格，就是通过日常生活的点滴，培养孩子良好的道德品质和养成良好的行为习惯。

传递爱心

感恩教育至关重要。感恩，就是要让孩子从小有爱心，爱家长，爱同学，爱老师，爱一草一木，拥有一颗感恩的心。一是资助贫困山区儿童，去年孩子妈妈组织一群志同道和人员去了贵州山区，因时间关系未带孩子同行，但拍摄了照片和视频，让孩子也感受山区的贫困、求学的艰辛，让他从自己的压岁钱中拿出500元捐助给了贫困学生；二是参加各项公益活动，今年参加了文明办组织的领取微心愿活动，满足了一户贫困家庭的微心愿，奉献了自己的爱心。

正确看待分数

初一第一学期月考，孩子得了一个D。作为父母，我们心里也很着急，但孩子已经受到了挫折，情绪很低落，不能一味地责怪和埋怨。在他的心里，也希望得到父母的关心和帮助。我们一是向孩子强调分数不是唯一标准，一次考试不能反映学习的全部，从心理上安慰他；二是和孩子一起深入分析原因，逐一解剖问题，鼓励他查漏补缺，改进学习方法，提高学习效果。孩子又恢复了自信，在期中考试中又重回了B的行列。

家庭教育的重要性无论如何强调都是不过分的，作为孩子成长的第一课堂，家长理应尽心竭力，让孩子从小拥有一个健康的身心。但家庭的爱不能是溺爱，把广博的爱、理智的爱、健康的爱教给孩子，才是老师和家长需要共同努力的目标。

别和青春期的儿子较劲

赵乙家长

上午连上两节课后，习惯地打开班级微信群，看看是否有默写成绩发布，仅有两人不过关，而儿子的名字赫然在列。忘记了“苹果”的金贵，把手机狠狠摔在办公桌上，无颜回复“一定督促复习”，我的话已不如上小学时这般管用，而我的心情却经常被他的成绩左右，这着实不是一个好现象。

坏心情在晚上10：50到达极点，儿子已躺在床上，我习惯性地问了句：“明天早读要默什么，准备好了吗？”儿子突然瞪大了眼睛说：“完了，明天要默《劝学》，我还没有全部背出呢！”“赶紧起来背呀！”“妈妈，我想睡了，明天早读课再背吧。”真是一波未平一波又起，早上默得一团糟的成绩还没算账呢，又这副懒洋洋的样子，火一下从心底窜了上来。掀开被子，一把拎起，“今晚必须背出，否则不许睡觉。”当时我凶神恶煞的样子一定像极了魔鬼，儿子的倔脾气也上来了，紧闭嘴巴，捂着眼睛，就是不看我递过去的《劝学》。一场母子拉锯战在晚上11：30以儿子勉强背出三小节，痛哭一场收尾。

回到房间，儿子从被窝里发出一阵阵嚎啕大哭的声音，我的心里又怎么好过？读得那么疲倦，成绩不见起色，母子关系却日益紧张，以后漫长的学习之路怎么办？

第二天和同在女儿上初中的同事交流，她笑着说：“我桌上有一本书，你一定会喜欢。”我拿起一看，是《别和青春期的孩子较劲》。一看书名我就乐了，我真该好好补补和青春期孩子相处这门课了。孩子大了，有了很多自己的想法，还总以为自己是对的，你越是说教，他越嫌你烦，当真是“儿大不由娘”啊！

读完书，我静静地反思和儿子的相处，看到他做题不用草稿，我忍不住要啰嗦几句；看到他回家后慢吞吞地吃着水果，我是心急如焚，恨不能他一口吃完立即开始拓展练习；看到他每日一题想了半天也毫无头绪，我又开始催促……我的焦躁不安、忧虑重重对儿子造成了负面影响。

我努力改变自己，寻找儿子的闪光点，希望能帮助他找回自信，东山再起。他的学习我不再指手画脚，只提出自己做好规划的要求。学习中善于总结方法，善于反思，不仅忙着赶路，还要经常回头看看自己曾经走过的路，哪些是弯路，怎样是顺畅的，这都是个人的悟性，也即学习力。学习的路一定要自己走才能走得宽，走得远。

家庭教育故事

凌一家长

自凌一上初中以来，一点都不夸张地讲，这是我一生之中最紧张的一年多。真是感慨万千！

刚上初中时凌一成绩不是很理想，作为家长真是有劲使不上，干着急，把所有的学科都补起来，从这个补习班出来再进另一个补习班，最后是孩子心力交瘁。

每次考试之后等待老师发来的成绩短信是最让人心跳加速的事情！感觉今天要出成绩了，就一天电话不离手。只要有短信就心跳加速，成绩好了就全家都开心，不理想就全家都郁闷。

就在前几天晚上，我跟女儿说："凌一啊！要期中考试了，能不能晚睡会儿把错题本看看，每日一题也好几天没完成了。"凌一当时就流泪了，她说："妈，我再晚睡第二天就真的吃不消了。"我知道她流泪是感觉妈妈一点都不理解她，只知道让她努力，不知道她的感受。在孩子面前的任何问题都是以大人心痛而剧终，此事让我一整晚没睡觉，满是说不出的心痛！

记得今年六月末的时候，看到参加高考的孩子们结束考试坐着大巴车回家时，我在车下看到了行驶的车上孩子们各种表情和眼神，还有流泪的。在一年多以前我是体会不到他们的感受的，但是现在我完全可以理解他们的内心，几年的学习是怎样地付出与努力。还有一位高考的监考老师写了一篇关于高考现场的文章，文章中提到一位女生在做数学卷时因为太难超出自己的想象，而一边答题一边流泪，看到这里时我流泪了，就像看到了自己女儿的无奈一样。在今天与老师和家长的家庭教育心得里可以说说心里话，平时和孩子讲的都是立志篇……

相信女儿肯定是理解我的，一切的一切都源于妈妈希望她以后会更好！

家庭教育故事

宋汶洁家长

不知不觉，孩子进入海中附校一年多了，回想期间的点点滴滴，心里可谓五味杂陈。

我们的孩子本身性格内向，不善与人交流，尤其上了初二后，孩子变得更加寡言，不愿去参加各种活动，与之交流变得生硬、困难，逆反心严重。学习成绩也跟不上班里其他的同学，我们心里真替她非常着急，每次放学回到家不时提醒她学习上要努力、努力！但我们发现孩子在学习上仍缺少主动性。记得国庆假期，我们让孩子按我们要求必须先制定作业计划，大道理讲了一通又一通，又教她该怎样安排计划。尽管每天包括晚上一直在努力，可是每天学习的效率不够。假期快结束，检查她的作业卷，发现有许多不对的地方，指出后，改了又错，态度非常不好。看到她心不在焉，爱理不理，顿时冲突一触即发，我一时控制不住，第一次又摔笔还拍了桌。孩子无助地护着作业卷害怕我撕了作业，然后哭着冲进了卫生间，关上门迟迟不出来。这次冲突后好长时间孩子没有和我说过话。

过后我自己进行了反省。虽然我很关心孩子的学习，也付出了许多，但孩子成绩不上去，其实并不是孩子的学习态度，而是能力，包括习惯、兴趣、环境。事实上我们的孩子是个很要强的人，她很有思想，学习上也很刻苦，尽管有时磨磨蹭蹭，但在强手如云的班上，她不放弃！看来，还是我们自身的教育出了问题。

孩子大了，之所以现在有逆反的心理，是要我们去尊重她，平等地对她。所以在以后的生活中，我改变了教育方法，不再以呵斥、指使、光讲大道理的形式来教育孩子，而是平等地相互交流。帮助孩子进行时间管理，和她一起进行学习、生活规划，再也不会无故怪她。想方设法让她能得到我们具体的帮助，在克服一个个具体的困难的过程中，得到积累。生活中，引导她懂感恩、自理能力要加强，培养她的意志和毅力。不管以后怎样，一起努力了，品行端正了，我们就成功了。

家庭点滴："弃暗投明"

王帅玲家长

关于家庭教育，我醒悟得挺晚的。

孩子上初中，同事对我讲孩子的学习需要家庭氛围的熏陶，意思是说叫我别看电视剧了。那时我还挺委屈的，小学时为了孩子我看电视剧已经把声音关掉看"哑剧"了，难道还不够？直到有一天周末，孩子在写家庭作业，而我坐在房间里看电视剧。孩子有些坐立不安，把椅子弄得吱吱响。终于她走过来对我说："不要再看电视剧了好不好？"我说："反正你写作业，我又不开声音。"她说："我余光瞟到你心里不舒服。"我有点懵，这还不舒服？但看她怒气冲冲的样子还是把手机收了起来。

后来我懂了，孩子在辛苦地写作业，妈妈却在看电视，换做我，我也不高兴。用孩子的话来说就是家里一点学习氛围都没有。好吧，我终于领悟了同事的意思，从此再也不在孩子在家的时候看电视了。可是我下班的时间总是和孩子撞上，于是一周也看不了几集电视剧，孩子在家的时候也闲得慌。后来干脆不看电视剧了，孩子兴高采烈地推给我几本书，嚷嚷着中国人均读书量少就是因为我这种人，只好看书了，也算是为国家做些贡献。

我开始看书以后，孩子对阅读的兴趣更浓了，我催她睡觉也不肯睡，还振振有词说你看书肯定也理解我的感受，一定想要看完嘛。以前暑假里给她报过一次作文班，跑过去学了几天撇着嘴对我说没意思。我一看也晕了，完全就是八股文嘛，限制孩子的思维。这期作文班结束以后孩子再也没上过作文班，不过我也从来没担心过她的作文，只要我一拿起书，我就知道，妥妥的！

家长课堂计划与感想

梁文涛家长

学校精心设计的家长课堂，能让家长们零距离地了解孩子，能让孩子们学习更多的课外知识。当班主任在班级群里让家长们自告奋勇报名时，我默默选择了退缩。这时站在一旁的儿子深情地望着我，眼神里充满着信任对我说："妈，你去尝试上一课，这是一次锻炼自己的机会。"听到了儿子的鼓励，我不觉鼓起了勇气，瞬间在群里报了名。于是我开始准备 PPT，利用休息天和孩子一起商量课堂主题及内容，最后决定用"感恩"这个永不过时的话题。

3 月 11 日下午，我和一群聪明睿智的孩子们进行了交流，让同学们明白处于青春期的时候更应该调整好情绪，常怀感恩之心。孩子们一个个争先恐后地抢答问题，课堂气氛非常活跃，而此刻我的儿子坐在座位上显得如此淡定。因为早上出门的时候他再三嘱咐我，让我课上不要喊他回答问题，他说同学们会笑话的，我当时很不理解。我见同学们异口同声地喊 17 号，我故弄玄虚地问他们，"17 号是谁呀？我也想认识一下这位聪明的孩子。"我清晰记得当时需要回答的一个问题是“长这么大记忆中最想感恩的人和事例”，我儿子当时简短的回答让我很满意。他说最想感恩的是小学班主任王老师，王老师对他很严格，常常会因为一件小事而对他批评或者讲很多道理。当时不懂事，甚至恨老师，现在回想起来，有些惭愧。老师能像父母一样严格要求自己，完全是出于大爱，毕竟他们和你非亲非故，他们希望你做得更好。

短短的 40 分钟很快就结束了，我是在儿子的鼓励与信任下顺利完成的。放学回家的路上，我问孩子这一课有什么优缺点需要以后改正的，他也很认真地做出表扬与批评。于是我信心满满地答应孩子，下次还会积极参与学校的各项活动。

原来鼓励是最大的精神支柱，父母与孩子之间要相互尊重与正确引导，才能树立信心。

附：记载生日小幸福

2 月 13 日的早上，孩子像往常一样一早去上学了，他好像已经忘了今天是自己的生日。晚上放学回家，一首美妙的生日歌让他即刻兴奋，桌子上摆放着一个耀眼的芝士鲜奶蛋糕，蛋糕上清晰写着“儿子，LOVE YOU 加油”。孩子爸爸为他带上生日帽，他开始许愿，此刻他仿佛拥有清晰的人生目标。他乐呵呵地望着我们说道：“谢谢爸妈的祝福，我会踏踏实实学习，为自己的理想而奋斗！我也记得你们每一个人的生日。”他边说边去抽屉拿笔记本，翻开第一页便是记录着所有爱他的每一个人的生日信息。

于是我便告诉孩子生日的意义在于过完了一岁并又向新的一岁出发，这一天你便知道，谁更在乎你。这一天是出生的日子，是值得引以为豪的一天！

关于“说”的故事

李洋洋家长

九成的孩子不愿把心里话跟父母说，而这九成的孩子基本都集中在 12 岁 ~ 18 岁这个年龄段，也就是生理上的青春期，心理上的断乳期。我的儿子现在 14 岁，正处这样一个阶段，这是一个最有想法而又很不成熟的时期，最爱发表看法而看法又不容易准确的时期，最希望有人倾听、有人理解、有人解惑的时期。

进入初中后我延续小学时候对儿子的教育方式，无论是生活上还是学习上都处处管着他。有一次考试成绩不是很理想，回家后我又开始了我所谓的耐心的思想教育，“为什么会考得不好啊？是不是考试的时候没用心啊？不会做？上课没好好听讲？……”儿子突然站起来，对我吼了一句：“妈妈，你真的好烦啊！”然后他独自走进房间，用力地关上了房门。我一下愣住了，在我的印象中，自从上小学以来儿子没有这样朝我大声吼过。我冷静下来，敲了敲儿子的房门，问是否可以进去，儿子把门打开了，但好像还是闷闷不乐的样子。我心平气和地问儿子为什么会突然发脾气，儿子说：“你每次都这样唠唠叨叨个没完，说自己的苦心、说自己的希望，说自己的要求；说我的缺点，说别人孩子的优点；说我该想什么、不该想什么、该做什么，不该做什么；说、说、说……我只有当听众的资格，我也有一肚子的话要说啊。”我一时语塞，默默走出儿子的房间。

我突然意识到孩子已经长大，反思自己的教育方式确实已经不适合现在的儿子了。孩子到了青春期，这个年龄的孩子会出现叛逆期，特别是受外部环境的影响更大些。父母需要做的就是多和孩子沟通，对孩子充分有耐心，细心从孩子的情绪情感变化当中以正确的方式去引导孩子，让孩子有家的归属感和对父母的信任感。

从那以后我逐步改变了以往的教育方式，比如情感方面，观察孩子平时有没有什么奇怪的举动，和关注他的人际交往关系的处理方面，对孩子主动关心，注意给孩子的营养。父母的处事态度和待人接物的方式都会影响孩子的成长，关键是态度问题，正确对待青春期的孩子就要从各个方面加以努力，主要是尊重孩子，这是很重要的，再者要以正确的方式引导。经过一段时间的努力，儿子逐渐又喜欢和我谈心了，再也没有情绪失控过。只要孩子把内心的真实想法说出来，就没有解决不了的问题，就没有什么可怕的事，就会避免出现更严重的后果。

点睛：“说”是一种释放，释放出来（哪怕不是全部）就会减轻心灵上的“郁结”。

家庭教育故事二则

陆昱辰家长

攻克惧怕几何心理

进入初一下学期，数学越来越难，平面几何成了儿子的心头患。他说几何感觉差，没办法，就这样吧。我则认为多做题，积累经验，几何成绩一定能提高。

儿子每天晚上放学回家，不急不躁，只看书，不做题。我看在眼里急在心里，怎么样才能让他心甘情愿地做些几何拓展题呢？看着那本一片空白的《几何辅助线专项突破练习》，我很无奈，自己拿起笔，凭着上学那会儿的记忆，试着做了一题，虽然花的时间有点长，但总算做好了。突然灵光一现，我高高抬起头，挑衅地冲着儿子道："hi，敢跟我比比吗，看谁做题又快又准确。"这下，激发了他的斗志，马上拿起笔做了起来。现在晚自习回家后，他也不排斥做一些题目了。我和他有商有量，共同钻研难题，不仅提高了解题的兴趣，也增进了母子感情。

虽说到目前为止，效果还不是很明显，但至少他已不惧怕几何题了，能够积极思考，努力寻求解题方法。我想这是好的开始，只要坚持下去，儿子的几何成绩一定能提高。

学会沟通

上周五，班级群里宋老师发了一条微信，内容大致是：一要儿子下周一午回家，二要家长（我）去学校听物理课。这让我又气又急又伤心，儿子在校一定是表现不好，真想将他暴打一顿。他爸爸倒是气定神闲，劝着我："儿子回家后，好好问问，好好说话。"我也知道，打一顿固然解气可解决不了问题，甚至会更糟糕，一下午我都在坐立不安中度过。

晚上，他没事人似的回了家。我按捺下一肚子的火，故作平静，一字一句地问："今天有事要说吗？"他看了我一眼，说："你不是知道了吗？""我要你的解释。"我追问着。他想了会儿，道："中午我睡不着，被记了。"接着又说，"我自己和宋老师说了，这学期中午我都回家，中午实在睡不着，趴桌上50分钟既难受又浪费时间，宋老师也同意了。"我有点吃惊，马上又冷静下来，是的，儿子从小都不睡午觉，幼儿园、小学老师都反映过，硬生生地趴着不动确实不好受，老师理解，我也理解。我看着他，说："能将自己的想法告诉老师，我认为是对的，不过不午睡，下午上课能保证有精力吗？"他郑重地说："下午上课我一直很有精神，以后就辛苦你和奶奶了。""这件事就这样吧，那物理课怎么回事？"我盯着他又问。他面露愧色，讪讪道："上课时有点开小差，不过绝不是表现最不好的。"接着又愤愤地说，"有人被老师点名批评两三次都不记，我就开了一会儿小差就被记了，不公平。"我无奈地摇摇头，很严肃地对他说："上课开小差被记一点都不冤，别人怎样你无法控制，你首先要对自己的行为负责，妈妈去听课是有点丢脸，只要你吸取教训也算值得。"他乖乖地低下了头。

我看着高过我大半个头的儿子，深思着：儿子正处于青春叛逆期这个特殊阶段，简单粗暴的教育方法只会将孩子推远，聆听、引导才能打开心扉，解决问题，沟通真的很重要。

懂事的孩子

张臻毅家长

转眼之间孩子进入初中的一个学期即将结束了，比起小学，在这一年中孩子确实成长了许多也成熟了许多。记得孩子上次身体不好，正好他爸爸从上海回来准备去学校的，但是学校有活动，他爸爸就先去老家看了病中的爷爷。没想到老师打电话说他病了，接回家后就上吐下泻，忽冷忽热的。他爸爸连忙赶到海门把他送到医院，检查身体，吊水一直忙到晚上，又不得不回上海，虽然看得出孩子心中的不舍，但和他说了他点了点头还是表示理解。还有上个星期天，带他回家看重病中的爷爷，虽然他每次休息天都要稍微起床晚点，但是那天他很早就起床了。到家看到病中的爷爷受到病痛的折磨骨瘦如柴的时候，他眼睛里溢满了泪水。当晚他爷爷就过世了，当告诉他这个消息的时候他呆住了，虽然有时候他什么都不说，但家人亲人间的这种感情，亲情他都能感受得到，孩子真的长大了也懂事了。

家庭教育故事

张希豪家长

不知不觉中，儿子已是初中二年级了，一路走来，我这个跟儿子有代沟的妈妈，真不知道从何写起：写个作业拖拖拉拉，刚坐下 5 分钟就嚷着要喝水，一会又想吃水果，一会又想上厕所。都快 11 点还磨磨唧唧！催一声没动静再催就急眼，哎呀！真累！时间一长我也反思自己，这样一天天催下去，最终结果很可能是：适得其反！

有一天我跟儿子申明："从明天开始，我就不催催了，早晨叫一遍，迟到不关我事；学习上也是你自己的事情，你要对你自己的将来负责；晚上超过 11 点一定关灯睡觉，作业没写完也不准写！明天自己跟老师解释去吧！"慢慢地，家里的气氛好了。少了吵闹声，多了份安静，儿子自觉多了！

记得初一期末考试前几天，儿子放学回家，泪流满面、气呼呼的，我很惊讶，发生什么事啦？沉下心来问儿子，他边哭边说："我连一双像样的鞋都没有的，同学笑我的鞋是假牌子，鞋底都不敢给同学看！"我平时节省惯了的，买东西一百元整钱都不舍得找开的。今天在同学面前，狮子座的儿子自尊心受到了伤害，我作为母亲内心阵阵难受。觉得太晚生了儿子，作为父母不能与时俱进……自己慢慢地稳定了心情，倒一杯水给儿子，好言好语地说："你喜欢名牌没错，买一双鞋解解馋很正常，先好好复习，等星期天老妈带你去买。但儿子千万记住：花爸爸妈妈的钱穿名牌图享受是短暂的。我们从现在起一定要好好学习，坏习惯虽然不能一下子改掉，那就做减法，慢慢改。等你自己学好知识，有了本领，到时候想买啥就买啥。"儿子破涕而笑，搂着我说："我懂了！"

小故事两则

赵佳欣家长

修窗帘的故事

女儿刚上初一的时候是班里的生活委员，班级里的生活琐事都需要她去处理。说实话当时我是比较担心的，女儿性格内向胆小，特别与人打交道这块是她的弱项，我是真的怕她不能做一个称职的生活委员。女儿有一个习惯，每晚在我去接她回家的路上，她都会告诉我一些当天学校发生的事情，不管是开心的还是不开心的都会拿出来和我分享。那天，她刚坐上车就兴致勃勃地跟我说："今天我们班的一块窗帘坏了，不能拉，黑板上反光，好多同学都看不清楚黑板上的东西，宋老师就派我去请人修窗帘。"我就问："让你去哪里请人呀，你敢吗?"她说："我拉着沈鹭一起去的总务处，去了以后找到了总务处负责维修的老师，并把情况和他说明了一下，又去另一幢楼开了张发票，然后事情就解决了，好像也没有我想象的这么难嘛!"女儿虽然还是胆小，拉着同学一起去解决了班级维修窗帘的问题，但是她迈出了很重要的一步，因为整件事还是以她为主导，她与同学沟通，与老师沟通，最后圆满地解决了这件事。由此，我突然发现对于女儿我不能要求她一下子变得活泼外向能力超群，这就如同"跳起来摘桃子"理论，不能把要求定得太高，如果定得太高她完成不了，那就很容易成为空谈。相反，如果让孩子在那些她略加努力就能完成的小事中找到自信，从而调动孩子的积极性，激发其潜能，那样反而会得到意想不到的效果。

步行上学的故事

女儿基本属于"小懒虫"一条，每天早上不知道要喊多少遍才能慢吞吞地从床上爬起来，经常是早饭匆匆扒一口就得送她去学校了。因为总觉得孩子还小，不放心她自己一个人去上学，所以进入初中后的很长一段时间里还是由我们接送。直到不久前的一天早上，我又不知喊了她多少遍，可女儿还是赖在床上闷头大睡，我一赌气就说："你还不起床，今天就由你自己去学校吧，我不送你了，让你迟到去。"那天我没有明着送她，只是偷偷地跟在她身后，把她"护送"到了学校，我发现她在路上自己还是挺注意安全的。晚上，在我们回家的路上，我问女儿："今天你迟到了没？"她说："在我跨进教室门的那一瞬间，上课铃刚好打完。"我说："你步行去学校有没有估算一下需要多少时间啊？"她说："大概15分钟吧！"我说："那好，以后每天早上你就自己步行去学校吧！"女儿虽然不太情愿，但还是答应了。以后的每一天我惊奇地发现女儿在5：45的时候会准时起床，洗漱吃饭都不需要我来催，自己都打理得妥妥的，然后6：15左右就和我打声招呼步行去学校了。后来，我问她："你现在为什么不赖床啦？"她回答说："现在要自己步行去学校，再赖床就会迟到的，迟到了我们班级就会被扣分的。"现在女儿已经习惯了自己步行去学校，同时也乐在其中。从这件事中我发现，有时候我们作为家长不能够帮他们事无巨细样样安排妥当，那样孩子会有一种依赖心理，长久下去会造成孩子不独立，没有责任感。只有放手让孩子去做，才能锻炼孩子的独立性，同时也能增强孩子的责任感。

孩子的故事

张栋辉家长

故事一

进入海中附校的第一个月，是煎熬、是忐忑……五味杂陈，儿子每天回家说得最多的就是"妈妈，我是从乡下来的，你说我能跟得上别人的节奏吗？"虽然我心里也没谱，但我故作镇定地说："儿子，妈妈相信你一定行，你要相信自己。"九月份的月考，儿子未能进前一百名，没有优秀的成绩，儿子一时丧失了原有的自信，我也心急如焚。看到儿子失落而迷茫的样子，我安慰他说："你不要失落，你已比我想象的好多了，没有垫底，起步已经很高了！"儿子听了我的话，懵了："妈妈，我好像有点不认识你了。"原来的我一定是责怪，甚至是打骂。但我深知，在海中附校这样竞争激烈的环境中，儿子第一次能考成这样也不容易（差 2.5 分进全优），我也要不断地调整，争取和儿子共同进步。我不断地鼓励他："儿子，咱慢慢来，你还没有适应，一个月不行，两个月，两个月不行，一个学期，你一定行，妈妈陪你！"儿子热泪盈眶，一下子扑进了我的怀里……

渐渐地，孩子适应了学习环境，在老师的辛勤培育和自己不断地努力下，之后的几次考试中，成绩有了点起色，光荣地成为了特优生。甚至有一次，数学考了满分，我对儿子说："加油！"但我的心里很担忧，仅仅靠数学拉分，能行吗？这次期中考试结束，一直视为强项的数学考砸了，全盘皆输，在成绩公布后，他装作不在乎，直到阿宋老师在课堂上的"点名""张栋辉，你懂的"。那天晚上，儿子一下子崩溃了"妈妈，宋老师的那三个字比骂我还难受！"我对儿子说："加油，你不要辜负老师对你的期望，从哪里跌倒就从哪里爬起来！你要注重均衡发展，不要把所有希望寄托在数学上！我坚信，你能找回最好的自己！"儿子后来也作了深刻的反省，说一定会好好努力，不辜负老师和父母对他的期望。

评论：在孩子学习的道路上遇到困难时，作为家长应该鼓励孩子永不言弃，阳光总在风雨后！在孩子取得优异成绩的时候，应鞭策他不要骄傲，学无止境！

故事二

五一节，陪同儿子去旅行，儿子调侃："去爬一爬狼山，让我重新体会一下会当凌绝顶，一览众山小的感觉，下次月考一飞冲天！"狼山的半日游累得我够呛（缺乏锻炼），儿子很轻松，在回家的路上，一把勾住我的脖子："妈妈，我好开心，快乐的旅行不是去哪里，而是和谁在一起！"一下子幸福感爆棚。回到海门租的房子，儿子兴奋地喊："到家了，到家了！"我随口说了句，这不是我们家。儿子一下抱紧我："有爸爸妈妈的地方就是家！"儿子的话让我感动不已，他长大了，我受到了他的教育！

评论：在孩子成长过程中，家长也能从孩子身上学到很多，可以相互学习，共同进步！

家庭教育故事一则

吴涛家长

随着科技的快速发展，虚拟的网络世界充满了诱惑！我的儿子和同龄的孩子一样，对电脑有一种痴迷的爱好！

记得那是在上初一第二学期末的一个晚上，我从外地出差回来，一推开门，发现儿子还没有睡觉。我一看时间已经12：30了！“这么晚了你怎么还没有睡，今天又不是周末。”“我起来上厕所，晚上喝了很多水。”“哦，快点睡，明天还要上学呢，不然明天早上又起不来了。”我话还没有说完，儿子就进了房间，把门一关睡觉了！我放下行李，准备洗洗弄弄也休息了，可回头一想不对，我进门的时候，儿子好像不是从洗手间里出来的。我连忙打开书房的门，摸了一下电脑的主机，哇！这么热，我心中有数了！他原来是趁他妈妈睡着了，偷偷地出来玩电脑，还跟我撒了谎！我顿时火一下子冒了上来，可这么晚了我又不想吵醒他妈妈，怎么办呢？说实话，那时我的心里很纠结很纠结，自控性也太差了吧！不行，哪怕时间再晚，我一定要教育教育他！冷静，冷静，好好地跟他讲道理，不能冲动！我心里暗暗地想。于是我轻轻地打开他的房间门，走了进去，“吴涛，你刚才到底在干嘛？这么晚了我不想跟你发火，我不想吵醒你妈妈”“我，我……”虽然房间里没有开灯，可我感觉到他已经不安了，他知道隐瞒不过去了！“我，我，我刚才玩了一会儿电脑。”“你玩了大概多长时间，不要骗我。”“一个多小时，我看到妈妈睡着了轻轻地起床到书房玩的，大概不到11点开始玩的。”“你现在的身份是学生，你的主要精力是放在学习上，这么大了难道这个道理都不懂。”“你晚上不好好休息，想着玩电脑，明天白天上课注意力又不集中，成绩能上去吗？能进步吗？”“你心里到底在想什么？”我一连串的问话，他傻傻地呆在床上，一句话也不说！“这么晚了，我也不想和你说多少，你自己早点睡觉，明天好好想想，把今天晚上的事跟我从头到尾讲清楚，以后想怎么办也想清楚。”话一说完，我就气狠狠地把他的房间门一关，出去了！

第二天一早，在送他上学的路上我问了他的想法。“爸爸，昨天晚上的事我错了，我不该玩电脑，我更不该骗你，可我有时候就是控制不住自己，我本来真的是上厕所，可我经过书房的时候看到电脑就想玩一会儿了。”“你的自控能力就这么差，以后怎么到外地上大学。”他沉默了好一会儿，眼看马上要到学校了，“爸爸以后我不会这样了，还有以后星期天我作业做好的情况下，能不能给我玩一个小时的电脑。”我深深地想了一下，觉得这样也可以，就答应了他的要求。

从那以后，他基本上再也没有偷偷地做过我们不允许的事！所以教育孩子，我觉得不能纯粹的打、骂！还是主要和他沟通，协调为主！

成长的过程

倪宇航家长

时间像飞驰的车轮，一转眼孩子已经是初二的学生了，在这里我首先感谢教我孩子的各位老师，特别是班主任老师。经过你们的谆谆教诲，孩子有了明显的进步，从一个不懂事的小毛孩成长成一个懂事的青少年。

记得刚到学校的一段时间孩子很不适应，因为在小学里没有这么多功课要学，所以休息、玩耍的时间比较多。然而进了初中就不一样了，要学习的知识多了，一下子有点接受不了，而作为父母的我们文化程度不高，真的很难帮助孩子解决学习上的问题，只能默默地做好孩子的后勤保障工作。

记得有一次孩子考试考砸了，他的情绪特别低落，一个劲地埋怨自己，甚至流下了眼泪。作为家长的我虽然特别生气，但是强忍心头怒火，静下心来慢慢替他分析考砸了的原因，其实原因很简单，就是贪玩造成的。玩是每个人都喜欢的，但是玩得收放自如，能知轻重、缓急的人就了不起了，金无足赤，人无完人；没有最好，只有更好，我希望孩子能明白这些道理。

在学校里一定要学会做人，因为把人做好了才有资格去做事，学校是个培养德、智、体、美、劳全面发展的人才的地方。知识固然重要，但有满肚子的学问却不善于表达就等于零，所以要把学到的知识用到实际生活中，做一个有文化、有理想、有道德、有素质的人才。

海中附校是一所优秀的百年老校，敦品、力学、大气、卓越的八字校训深深地烙印在了我和孩子的心中，我衷心地希望孩子能够在这里打好人生坚实的基础，同时祝福他能够在今后的学习中百尺竿头、更进一步！

付出总有收获

陈樊敏家长

自从儿子进入初中后，课程由原来的三科变成了七科，学习时间也比以前多了。特别是在基地班，每科的教学进度也相对较快，所以孩子刚开始有些不适应，再加上青春期的叛逆，家里经常会起争执。但是经过这一个多学期的适应，孩子成长了不少。我也真正体会到了其中的点点滴滴，酸甜苦辣。过去的每一件事情都历历在目。

记得去年11月份有机会参加全国中学生英语比赛，儿子根本没信心，不想去参加，觉得自己平时在班上英语成绩也很一般的。我们就一直强调重在参与，不在乎成绩，主要体验一下竞赛的过程，看一下试卷的难易程度。经过多次劝说，儿子终于同意去参与一下。12月11日到南通大学决赛，那天早上8点多大学门口汽车一辆接一辆，排成了长长的队伍，都是来自各个地方的学生们，可见大家都是信心满满。后来考完后出来，孩子脸上露出了笑容，我们一边走孩子们一边讨论着说不难。我说你们基地班的孩子是有实力的，在后面的几天里，孩子每天都迫不及待盼着分数出来。终于1月4日成绩公布了，儿子拿了全国三等奖，虽然奖项不高，但是对于孩子来说，这也是成长过程中的一次锻炼和鼓励。

还有就是今年刚开学，物理来了，第一次考试孩子考了91分，班上比他低的有12个，并列的有6个，孩子只知道自己的分数，其实这个分数在班级里已经可以倒数计算了。我默默地想孩子是不是学习态度松懈了，或者学校里上课听课没效率了，但是我没有直接问孩子也没有怪他，心里想刚开始可能还看不出来。第二次考试没几天又来了，考了83分，班上倒数第四名，这次孩子知道自己的分数算低的了，他急了。其实我心里比他还急，因为这样下去，我担心孩子会对物理没有信心了。我开始寻找原因，晚上回家我就去看看他的书本，后来我发现，其实开始的几个章节，概念的比较多，要善于多背和多写，他在这方面可能是欠缺了，还有实验的话，解析要写得详细些，孩子自己也在慢慢地摸索。可是第三次考试，更糟了，82 分，倒数第三名，他也很难过，认为这次自己已经认真了，可是还是没考好。估计孩子对学习物理心里有了阴影，我就压抑自己的难受，和他说：“你数学不错，物理肯定能学好的，人家说数理化嘛，是连的，妈妈相信你能行的。可能是你寒假里没认真做好预习。”后来在月考的前几天，他每天挤出时间做题目，大部分的心思都用在了物理上。我知道他学习压力大，时间比较紧，来不及校对答案，就帮着他对答案，然后错题列出来，打印好让他重新做一遍，就这样坚持到了月考。功夫不负有心人，月考分数 93 分虽然不算好，但是相比前三次进步了。在后来的物理学习中，他慢慢地寻找学习方法，我也渐渐地放手了，不再帮他对答案了，期中考试全班最高分 93 分，他考了 92 分得了第二名。其实只要有毅力，能坚持，努力去做了，付出一定会有收获的。

回想一下短短才几个月的初中生活，孩子确实也比较辛苦，作为家长我们要做个智慧型的父母，一定要做到言传身教，多给孩子正能量，多关注他的成长过程（即面对生活要微笑，面对困难要勇敢，与人相处要主动），用欣赏的眼光去看他，用鼓励的语言去支持他。只要孩子端正了学习态度，养成了学习习惯，掌握了学习方法，有了自己的目标和梦想，相信孩子一定会成功的。希望他能在这次月考中发挥得更好！儿子加油！

家庭教育故事

顾秋申家长

周三看到宋老师的微信后陷入了沉思中，是啊，时间过得飞快，一眨眼的工夫，孩子进入初中已经一年多了，一路走来，岁月见证了孩子的成长。

孩子进入初中后，学习上我们是帮不上什么忙了，我们也就只有做好“后勤保障工作”，思来想去觉得学习一要有兴趣，二要靠自觉。孩子从小就喜欢看书，孩子想买什么书，我们保证满足，但只限于散文、小说那些。直到有一次微信群里的那几本玄幻小说书引起了我们的注意，因为这种书我们家在小学时也买过一套，而且一直放在他房间的书柜里，我就想看看孩子是不是自觉。于是我乘他不在，检查了一番，才发现写字桌抽屉里躺着一本，一直以来他也在偷偷地看，我们才意识到问题的严重性，原来孩子没有我们想象中的自觉。我们找了个时间，跟他谈谈心，他说有时候做作业时间一长，心里很烦，就打发下时间。好吧，这也算个理由。青春期的孩子容易产生逆反心理，所以我们在听取了他的意见后，决定从他房间移出玄幻小说书。

上了初中后，和孩子的接触时间明显少了，我们也越发珍惜这一点点时间，也好及时了解孩子的心理、生活状态。每天晚上回家，听他眉飞色舞地聊学校的事，但他从来不提及自己的成绩。我们也不想给孩子太大的心理压力，上次老师让他们写了自己的“立志达标计划”，我跟他说你的理想也太过远大了吧，他笑笑说：“万一实现了！”是呀，只有目标定好了，才有前进的动力，有了目标和梦想，相信孩子一定会成功的。加油奔跑吧，孩子！

家庭教育故事

张佳瑜家长

光阴荏苒，一年多时间匆匆而过，回顾一年多的求学路，真是磕磕碰碰，一言难尽。

入学时，孩子一度自我感觉良好，奈何技不如人，被打得溃不成军。几经挫折，终于认清形势，摆正心态，努力修炼。时至今日，虽然还不是高手，但也一直努力在成为高手的路上。

记忆中最深刻的一次就是初一下半学期的期末考试，那次考得一塌糊涂。但是在考试前，她作了很多准备。从前几次考试中吸取教训，她觉得是小四门拖了后腿，就改变了在考前才抢背的习惯，提前开始复习，但是结果得到的分数还是惨不忍睹。我都觉得她是不是在政治历史方面缺根筋，怎么这么不开窍。当我询问她原因时，她硬邦邦地回答：“我哪知道，我也很无奈。”我没有再多问什么，我知道她不是个善于表达的人，但是善于思考。果然，后来在反思中她分析了深层次原因，并表示要在暑假实现弯道超车。

接下来的这个暑假，是我见过的孩子有史以来最用功的一个暑假，她制定了详细的学习计划，并且每天一丝不苟地去执行。转眼间，又迎来了开学后的第一次月考，我有点忐忑，万一再一败涂地，那真是很受伤。总算是老天不负有心人，这次考试有了起色，虽然还只是个全优，但于她而言，已是意义重大。

我们都清楚，不尽人意的地方还有很多，例如阅读，例如作文等等，成绩的起伏在所难免。不过，她能愈挫愈勇，奋起直追，我们已经很欣慰。

漫漫人生路，失败是兵家常事，不是每次的付出都有立竿见影的回报，但辛苦的付出一定有利于自身素养的积累和提高，不忘初心，努力前行，终有厚积薄发的一天。

做一个诚实的人

沈鹭家长

“今天作业做完了吗?”那天，孩子回到家，我像往常一样问了一句。“数学还有几道题没做呢。”女儿边吃边说。

而后，她去洗澡，做作业。

十点半左右，我去催她睡觉，发现她在草稿纸上计算，“还没好？该睡了!”“马上就好!”她头也不抬地回答道。我看见《新思维》上打钩的题目一个答案也没写，有点急了，“怎么还有那么多没做?”“老师让我们把答案写在本子上的，我还有几题没来得及做，就抄了一下别人的，把本子先交上去，现在我把没做的题目再想一想。”女儿轻描淡写地说。“抄作业!”我的脑海里马上闪过这三个字，心中的怒火一下子被点燃，“竟然学会抄作业了，什么时候开始的?”我正要发问，可转念一想，女儿还算诚实，等她做完了好好和她说。最终，理智战胜情感。

待她洗漱完毕，我严肃地问她：“沈鹭，你知道自己今天做错了什么?”“妈妈，我承认抄作业是不对，可我回家不是又做了吗?”她对我的发问有点不以为然。“是的，你对自己蛮诚实，知道回家再思考，你对我也很诚实，没有欺骗，实话实说，可是，你对袁老师诚实了吗?”被我这么一问，她低下了头。“沈鹭，诚实不是只对自己、家人不隐瞒，不说谎，而是对别人也要如此！你今天抄作业就是对袁老师的欺骗，是一种不诚实的行为！以后作业来不及完成，一定要带回家自己做!”我的语气温和了一些，“妈妈，我知道错了，以后再也不这样了。”听到女儿承认了错误并作了保证，我知道，我没发火臭骂一顿是对的。

孩子在成长的道路上难免会犯错，作为家长的我们要及时发现问题，适时加以引导，才不会给彼此留下遗憾。

孩子，成长路上，有我陪你

袁典家长

时间过得真快，不知不觉，你进入初中快一年了。每每回望这一年中，发生的许许多多平凡却又不平凡的事，我的心中，就如春风拂过平静的湖面，荡漾起幸福的涟漪，一圈圈，向四周扩散，幸福便也充溢于心间，捂暖了我的心……

还记得第一次的入学考试，分数出来的那一天，你一脸沮丧的回到家，哽咽着告诉我：“妈妈，这次我考得很不好，4 号、倒数。”看到你充满稚气的小小的脸上紧缩着的眉头，我的心也揪了起来，但是当时我真的不知道要怎么安慰你。你一时很难接受这个现实，我很能理解，在小学里，你是所有人目光的焦点，几乎每个人都认识你。在别人的眼中，你是副大队长，是做了六年的班长，你才艺方面好得令人瞠目结舌，学习也列班中前茅。但是，你来到了一个各地精英荟萃的地方，你变得普通，甚至落后，这样的巨大落差，论谁都不能接受。但很快你就振作起来，并在第一次月考中进入了三号。我为你感到骄傲，孩子，成长路上，不急，我们慢慢来，有我陪你!

3 月 19 日，当你通过自己的努力，过五关斩六将经过学校初赛、决赛终于取得了“校园十佳歌手”的称号，晚上拿着荣誉证书滔滔不绝地跟我讲这次比赛的过程。你告诉我，你享受舞台，享受站在舞台上接受瞩目的感觉。我仿佛看到了小学时候的你，那么自信，我笑了，这也许是每个女孩子都有的舞台梦吧……

4 月 8 日是学校春季运动会，你前几天告诉我你要参加跳高和实心球，当时我很惊讶，暗暗为你捏了把汗，你那么小的个子可以吗？其实我也知道你有些担心，实心球你还接触过，跳高你从来没接触，心里一点底都没有。我只能在边上给你鼓励为你加油，最后你取得了第二名的好成绩。虽然过程很艰辛，无数次的摔倒，老师们也劝你放弃，但是你没有，仍然含着泪，忍着痛坚持到了最后！我为你的这种精神感到骄傲！

在这里，我希望你能把跳高精神放到学习上，每一次都能尽自己最大的努力，每天都能比昨天的自己进步一点。只有这样，当你完成初中三年的学业，回首这三年的时光，你才会无愧于自己，你才不会有遗憾！

家庭教育故事

范家铵家长

我们深知，家庭对孩子的影响是深远的，一个孩子的身体发育、知识增长、品德陶冶、行为习惯的形成都与家庭有着深刻的联系。由此可见家庭教育的重要性。我认为家庭教育的过程应是与孩子共同交流、共同成长的过程。

孩子进入初中已经一年半了，作为家长和孩子一样感受到与小学截然不同的忙碌与压力。我和孩子都深知还做得不够好，但是我们也一直都在调整，在不断地适应调整之中感触良多。

孩子十分的内向，平时表达的不够，有点沉默寡言，对阅读的兴趣不大。虽然家里有很多很多的书，但是从小到大，让他自己选择的话，他也总是会选择一些科普类的书籍，对一些文学类的书兴趣缺缺。他的性格也十分的天真，导致对文章的思想通常感悟得不够深刻，对一些有些艰涩的文章有时会出现读不懂的现象。作为家长看在眼里，急在心里。那应该怎样提高他的阅读兴趣，或者说应该怎样拓展孩子的阅读面与深度呢。和孩子一起来阅读，或者说和孩子一同谈论书中的内容，谈论书中的人物是否会是一个好办法呢？有待尝试。于是，我尝试着从一些文章开始，邀请孩子和自己一起阅读。有时我会对他说，今天我看到一篇文章，里面十分有趣；有时我和他同时看了一段文字以后，我会和他谈论对文章的理解；有时就怕自己的理解有问题，就会先查阅一些资料后再和他一起谈论。暑假里，古诗文的阅读也是如此，让孩子逐字逐句地将他的理解说给我听，遇到我不太认同的，有时两人还会有争论，争论的过程我认为也是一种成长。语文是一个积累的过程，虽然现在还看不出大的改变，但我相信在将来一定会看到我们一同努力的成果。

我觉得和孩子一同学习，一同成长是一个幸福的过程，现在有时我还会让孩子给我讲讲在物理、化学、数学等学科中学到的知识。英语中阅读理解错的多了，也会让他和我讲讲文章内容，和初看时理解有误的地方。

珍惜和孩子相处的点滴时间，也希望我们的亲子交流能见成效，和孩子一同一天天地成长！

放大镜和望远镜

毛奕翰家长

那天晚上，当孩子想要背诵《典范英语》时，却怎么也找不到。于是，他告诉我说："可能落在学校里了，我先背英语书吧！"第二天，却依旧没见他读。经询问，他回答道："我在学校找过了，没找到。我以为在学校里的。"我让他慢慢回忆《典范英语》最后一次出现的情景，他突然一拍大脑说："上兴趣班时，我把它带过去想利用课余时间背背，结果张栋辉一把抢了过去，后来下课我们就各自回家了。"当我在微信上和张栋辉的妈妈进行沟通后，对方说已悄悄放回。儿子气愤地辩解："他说放的时候我去上厕所了，反正我没拿到。"见我不说话，他继续说道："都怪他要跟我开玩笑，要不然我的书也不会失踪的。"言语之中似乎想把责任全面推卸到别人身上。

我知道他俨然扮演起了受害者角色，除了抱怨，一点办法都没有。我也完全可以想象，第二天碰到张栋辉，他肯定还会过去理论几句，然后把不快乐的情绪传染给他。

我平静地说："结局已经是这样，你现在打算怎么办？难道以后不需要使用这本《典范》了吗？"孩子很肯定地说："不是的，再买一本吧！"可是淘宝上一查，却发现只能整套地买，而且要过几天才有到。"那我明天找同学借了复印吧！""那就找张栋辉吧！他愿意和你开玩笑，说明你们俩关系不错。"他显得有些不情愿："再说吧！"

"难道你愿意失去这个朋友吗？拿望远镜照照他，你有没有发现他的优点？"

“他数学很好，很聪明。”“那以后碰到难题时你就有救星了！”正在这时，手机的“嘀嘀”声响起，原来张栋辉的妈妈说复印了一份资料，明天让儿子带给他。显然这是个宽容的母亲，令人心生温暖。儿子看到信息后，脸上露出了笑容，他以为一切都解决了。

“等等，你再拿放大镜照照你自己，和张栋辉的母亲比比，你有什么发现？”孩子一下子陷入了沉思，最后他提议第二天给张栋辉带几支笔作为答谢，我欣然同意。虽然他没再说什么，但我想他肯定发现了自己的不足。

第二天，孩子回来的时候显得特别高兴，并主动告诉我：“我把笔给了张栋辉，我们还是好朋友。”因为心情好，他的自我批评也特别顺利：“妈，昨天我不该瞎发脾气的，遇到事情要积极想对策，而不是一味地逃避责任。还有，我应该先从自己身上找原因，而不是光想着别人的不是。”一切都释然了。

孩子，希望你要永远拿着望远镜望向别人，这样就能欣赏到别人的美好；而把放大镜的焦点对准自己，这样才能对自己提出最严厉的批评。只有合理用好这两面镜子，学会严于律己，宽以待人，你才会收获更多的朋友与快乐。

王凯丽成长故事

王凯丽家长

5 月 13 日，Kelly 像往常一样回到家，把书包放到房间，却马上又出去了。过了十来分钟，回来了，手里拎着一小袋子，里面是什么并不知道，只是走进我们的房间，要我们先出去一下，然后把房门关了起来。我们不知道她到底在做什么，甚是生气，想敲门进去看看，此时手机响了，接了个电话，就没有叫她把门打开。几分钟后，她让我们进去，我们带着责备的脸色进入了房间。一进房间就闻到了花香，还听到了电台传来优美的背景音乐。我们大吃一惊，好像走进了美妙的花园似的：墙上挂了一大串金银花，沙发上也用胶带固定了一大串金银花，窗台上还用金银花摆出了一个大大的爱心。

原来，刚才她出去是到楼前那片小树林里采金银花了。那小树林里傍晚满是蚊子及一些小虫，要知道，她一向是最怕小虫的，平时她经过那里都躲得远远的，这次竟然不顾蚊子叮咬深入那片“恐怖森林”去采金银花。为此，我还差点错怪她：“怎么一回来，作业不抓紧时间去做，跑出去干什么?”庆幸自己没那样说。孩子要我们从房间出来，一开始感觉神神秘秘，在搞什么名堂，作业不去做，这个房间跑那个房间，本来想去说教一番，如何利用零碎时间来做些事情。后来因为忙，“错失”一次教育她如何利用零碎时间，由她去了。

走进房间听到轻柔的音乐声，一开始还认为是她 MP3 播放器里传出的音乐，后来走近桌子一看，一架“骨架”似的收音机立在花丛中，原来音乐是从她组装的“骨架收音机”里传出来啊！这“骨架收音机”只有一根细细的电线和一块电板，是她最近在学校报名参加那电子焊接兴趣小组得到的零件，难怪前一天晚上直到晚上 11 点还在一直摆弄那些电子元件，我们还责怪过她怎么作业搞到这么晚还在做。

我们现在才明白了女儿是多么地用心良苦啊，她几乎是在我们不知不觉中表达了对父母的爱。她对父母这种的爱，以前我们从来没有这样强烈地感受到过。我们还曾误解过她，认为她自私，不懂得感恩，为此还经常发生矛盾。

如果那天我看到她放学回来不抓紧时间去写作业，阻止她到外面去，或是她让我们从房间出来，想一个人在房间，而且不是她房间的时候，我们不配合甚至骂她去写作业，那么，以上的情景将会是另外一个情景：矛盾再次发生。

原来，小孩进入初中后，长大了，有了自己的想法，需要自己的一些空间。这些，以前我们只是理论层次上知道，而这次却从真实现实中体会到：对孩子多点理解，多点宽容，多点鼓励，或许会有意想不到的收获。

孩子成长故事二则

王诗铃家长

故事一：参加运动会长跑给我的触动

记得上学期有次召开运动会时，儿子一回家就和我说他要参加 1500 米比赛。当时我听后感到有点震惊，一方面是对儿子运动能力的了解。虽然知道他喜欢运动，但小学时在体育方面也没有什么突出的表现，心里清楚长跑对于他而言的难度。二是作为母亲知道1500米跑完后，整个人处于一种什么状态，意味着什么，心里实在有点不忍心。而儿子却轻描淡写的来一句："体育委员不跑谁跑"（当时他正幸运地当选为班体育委员）。为了不打消他的积极性，我也没多说什么。后来正式比赛开始后，我从老师的微信中得知，他并没有得到任何奖项，这也在我意料之中。但我清楚地记得，当我看到儿子跑完后的那张照片，满脸通红，充满着疲惫与沮丧，当时我的眼眶是湿润的，那是一种不忍，又是一种感动。感动于儿子的成长和坚持，感觉儿子真正成长起来了。回到家后，儿子一个劲地和我诉说比赛的失利，只字未提跑步的艰辛。我只能安慰说运动竞技重在参与。

点睛：这次参加长跑的故事给我触动很大，我既明白作为一个母亲在儿子成长过程中的矛盾，又真切感受到儿子作为男孩子的担当。一种坚韧品格的养成对于一个人的自身成长是极为重要的，希望儿子能通过一件件小事养成好的品性。

故事二：母亲节的礼物

上个星期是母亲节，其实我在前几天就有所期待。虽然知道儿子是个粗心的孩子，男孩子对妈妈的表达也不是很细腻。但也早早听说学校布置了此项活动，我满心欢喜。但到了那一天，我迟迟没收到任何礼物。直到吃完晚饭，儿子满怀愧疚地和我说："妈妈，给你准备的贺卡我忘在班级课桌里了。"我淡而一笑说："没事，你的心意妈妈领了，你去看书吧"。儿子却走进厨房拿起抹布说："今晚的碗我来洗吧，你去休息休息。但有个条件，你不能站在我边上。"哈哈，我明白儿子的好意，也听出他平日对我有意见，嫌我啰嗦了。我完全尊重儿子的意思，让他一个人在厨房里自由发挥。我省心省力地在沙发里休息，也正好思索一下在平常生活中和儿子沟通中是不是存在很多的不足。看着儿子的背影，我知道他慢慢在懂得感恩，但有时正值青春期的孩子正矛盾着叛逆与顺从的行为，作为家长应该适时转变好与孩子的相处模式也尤为重要。

点睛：感恩是我们一辈子要学习的内容，它是一种爱与责任的表达，是一种积极向上的情怀。我们作为一个社会人，要时时处处都怀有感恩之心，这也正是我们家长和孩子们一起共同学习、共同成长的过程。

关于激励的故事

周嘉妍家长

一转眼，女儿跨入初中学习阶段已有一年多时间了，回想孩子这一年多时间里发生的点滴经历与成长心路，作为家长的我心中感慨万千。还记得初一年级第一学期，最初的学习方式不适应、老师同学的不熟悉、成绩与小学成绩落差等问题接踵而来。那时候，每天晚自习接她回家，我会首先看下她脸上的表情，是高兴还是不开心，看得比较多的是不太高兴。每次家长微信群里发的测试成绩，她早在我们之前已经知晓，每次分数都比较靠后，她虽然心里没有说，但我能肯定她心里的落差很大。小学里不需要多用功，成绩就领先的她，感到莫名的失落。而作为家长的我，有时候仍免不了要批评下她，成绩下降不认真之类的话。她听了也不争辩，像是默认也像是沉思。

看着她每天早上 6 点起床，晚上 10 半后休息，每天学习这么辛苦但结果不令人满意，我和老公心里也着急，我们两人互相张罗着帮她想办法提高成绩：比如小四门抽背、英语错题抽问等方法，好在她对我们的行为也不反感，配合也很好。每晚接她回来在车上的 10 多分钟里，我们更多是跟她交流心里想法，对她取得的点滴进步表示肯定，对考得不好不再批评而是帮她一起寻找原因，并让她多观察多学习成绩好的同学的良好学习习惯，努力是我们始终强调的主题。

功夫不负有心人，一年级第二学期，月考第一次达到 3 号，这对她来说是莫大的激励，我和老公也趁机鼓励她："只要肯努力，并找到好方法，成绩是肯定可以进步的！"

数学老师推出每日一题，又让她更增添了一份自信，每次接她回来，在校门口，她都会迫不及待地将每日一题的解答过程拍照片发给老师，而每每做出一道有难度的题目时，她脸上都会露出开心的笑容；看到袁老师发到自己的名字时，她心里比吃了蜜还甜。看到女儿逐渐恢复的自信与神采飞扬，我们心里更高兴，我们坚信这份可贵的信心会伴随着她在今后的日子里健康快乐地生活。

在孩子的成长路上，陪着她一起快乐成长，这是件幸福的事。在她取得的进步时为她喝彩，在她犯错误时及时纠正，在她失落时给予鼓励，在她收获时为她鼓掌，这就是我们家的教育故事。

家庭教育故事

茅译天家长

孩子进入初中以来，在家时间明显减少，和孩子的交流也少了很多。茅译天是那种有话就要一吐为快的孩子，有事不会闷在心里。多数时候我都愿意做个倾听者，先听她说，不急于提出意见和建议。孩子一般都有逆反心理，你一下子反驳她，或者指出她的观点有问题，她是很难接受的。有时候真是这样“每个人都觉得自己无比正确”，采取迂回的方式转变她的观点或者对她的一些做法提出建议是可取的。

来到这个学校，这个班级的每个孩子都是优秀的，可以说大家都憋着一股劲，都想努力展示出最好的自己，但往往是越是想考出好成绩，越是难以如愿。这时候我们就要鼓励她，为她加油，不能泄气。像这两次她都没有进入全优生行列，我就会鼓励她，不要气馁，这是一个看到自己不足之处的好机会，功夫没到肯定不能获胜。尤其家长会上听了几位同学的经验介绍，更是如此，取得优异成绩的同学课后都下了功夫的。我和孩子之间其实就是无话不谈的朋友，可以不分大小，互相调侃的。为了缓解她紧张失落的情绪，我调侃道：“茅译天现在成绩可以说是相当稳定啊！一直领跑的同学估计压力更大，我们起码还有不少上升空间呢！”

刚开学我陪她骑了几天自行车，后来路上车多、还有时间关系，多数时候是她爸爸汽车接送，俩人一路聊到进家门还不停歇，有时候争论得很激烈。我接送的时候是自行车，俩人吹着风，路上行人也很少，大声聊天很是惬意，多数时候是我在开导她。她很好强，比如辩论赛，她为没能一直参加到最后而遗憾，我开导她，任何事情都是重在参与，参与的结果无非两个“输或者赢”，输也是难过一阵，赢也是兴奋开心一阵，最重要的是整个过程。为什么有些人不愿意参与各项活动，那是怕输。不参与，就永远不会输，但也就永远不会赢，也不能体验到过程的乐趣。所以纠结于最后的结果其实没有多少意义，成长过程中需要这些参与的经历，起码我们是勇敢的，不怕输。她听进去了，后来也为班级的胜利而欢欣鼓舞。发现这个班级里的每个孩子集体荣誉感都很强，我尊重她的选择，支持她参与各项活动。

现在的孩子不缺吃、不少穿，在物质生活方面很难获得多少的快乐，但我们往往也能给她制造点惊喜，比如：某一天放学回来给她看我买的厚厚一摞书，哇，她尖叫，仔细翻过后开心地说“都是我想看滴”，抓过几本龙应台的放在床头，虽然到目前为止，她读完的并不多，但我想那么多好书带来的快乐和震撼她一定难忘！同时言传身教很重要，每天她看到我时基本都是我在看书，手机很少看，还有健身锻炼也是我向她灌输的理念，每次都会问问她晚自习跑步的情况，她也会说有些人会偷懒，我就会告诉她“这是得不偿失的做法”偷懒达不到锻炼强身健体的效果，持之以恒才是应有的态度。

家庭教育对孩子的成长太关键了，良好的家庭氛围对孩子的身心发展至关重要。一直在读他人的家庭教育故事，吸取有益的经验和做法，觉得人与人之间沟通交流最重要，多和孩子交流，做她的朋友，一直是我努力的方向。

省了半分钟，丢了好成绩

——儿子一个因小失大事件的回顾

顾知航家长

上学期期末考试刚结束就接到儿子班主任宋老师打来的电话，说是儿子的数学加试没有成绩，询问数学试卷到底交了没有？后来经过一番查找，竟然是儿子在数学试卷答题卡上没写考号和姓名。这样一来，本来可以全班第二的数学成绩（全市统考得 120 分，加试可以得 46 分）就泡汤了，也直接导致总成绩与全优生擦肩而过！

我们很是替儿子感到惋惜，也觉得很不解，怎么可以犯这么低级的错误呢？这种情况要是发生在中考、高考等重要的考试，后果简直无法想象。

于是我找了儿子和他谈起了这件事，最终，儿子向我透露了具体原因。原来，当数学加试试卷一发，儿子眼睛扫了一下题目，感到试卷比较难，怕最后来不及做完，赶忙就开始了自己的解题思路。儿子还说，先答题后写考号和姓名还有这么一个常人不察觉的“好处”，那就是：要是考试结束铃一响再继续答题，监考老师肯定不会答应，要是先答题，等考试结束铃响了的时候再写考号和姓名，监考老师总不会阻止吧？（这样可以省下半分钟时间），但不曾想到，等真正到了考试结束，儿子就把写考号和姓名的事给忘了。

原因终于找到了，我这么告诫儿子：你这是聪明反被聪明误！只以为耍点小聪明可以给自己带来点好处，没想到损失如此惨重。学习上要取得好成绩靠的是平时的勤奋和努力，考试时先写上考号和姓名这是一个良好的习惯和不变的规矩，任何一个不遵循规矩的坏习惯必将给自己带来难于弥补的恶果。以后长大了走上社会，要想取得成功，靠的也是踏实做事、本分做人的原则。

从这件事中儿子似乎也真吸取了教训，老老实实遵守既定的一些规矩，通过平时的不懈努力，这学期取得了三月份月考全优、四月份期中考试特优的不错成绩。我坚信，通过海中附校这么多优秀老师的辛勤教育及良好的学习氛围，儿子一定会在一个正确的学习轨道上大步前进！

成长中的好心态

姜宇凡家长

从小到大，儿子是个慢性子，哪怕你在旁边心急火燎地催促，他总会以他那不变的节奏来应付你，并且宣称：我喜欢我做事悠闲慢悠悠的好性子。没法，期待他的成长，我总用“只要是花，总会开”的名句来安慰自己。

有时候，他的慢性子也给他带来了很多好处。

事例一

一天，学校布置了一张数学试卷，儿子总觉得数学对他来说不在话下，于是，对我说保证四十分钟完成。哪知，做到最后时，一条难题把他难住了。他左思右想，实在完不成。我劝孩子别做了，但他还是耐着性子做，左试，不行。右试，还是不行。眼见着时间过去了一小时，还是没头绪。我有些急了，对他说：

“查一下网上答案吧！“儿子还是以他的慢节奏来回应我，“不行，再想想。”终于，历时两小时，他解出来了。我不禁为孩子的慢性子而点赞。

事例二

晚上接孩子时，他对我说：“今天要完成一张 8K 的手抄报。”我说，这一张手抄报，最起码要一个半到两个小时，哪完得成呀。儿子向我解释，手抄报本来是小组里合作的，可是他没能处理好合作的分配，大家都没动手，眼见着就要交了，所以只能抢时间完成。我说，我很同情他，也愿意帮他一起。儿子似乎觉得有点不好意思来麻烦我，对我说，只要我在旁边给他点参考意见就行了。临了，加上一句：“妈妈，你不要把它当成一种任务来完成，要当成一次锻炼的机会。”是啊，我也应该有那种好心态。

良好的心态也是走向成功必不可少的一份子。儿子是属于那种心智比较幼稚的孩子，他很容易受到周围环境的影响，所以，能够进入海中附校也是一种幸运。因为有优秀的同学陪伴，儿子也不觉得苦。有优秀的老师指点，儿子的目标会更明确。但愿他能给自己永远的正能量。

初中小事记

吴思泉家长

9 月开学后，学校北门外的第一棵树下我们长期盘踞的阵地被占领了。望着大树下叽叽喳喳等着接孩子的初一家长，我不由感叹光阴似箭，转眼我已是老生的家长了。回想起陪着女儿走过的一年半初中时光，似乎都是些不起眼的小事，值得分享得不多，就与大家分享个买手机的小故事吧。讲到手机，很多家长如临大敌，的确，手机功能齐全，媲美电脑，还比电脑方便携带，相信手机带给家长们不少苦恼，但我要讲的是给孩子买手机的故事。

初一第一学期时，女儿一直想要一部手机，我答应她如果期末考试能考到特优生，就给她买一部。等她真的考到了特优生，我又后悔自己答应得太草率，内心很是犹豫挣扎：不买吧，她会说我们不讲信用；买吧，又怕她会沉迷网络，影响学习。我把自己的忧虑告诉女儿，她说，你放心，我就用它来听听音乐，查查资料，周末时与同学聊聊天，时间也不会长。我想了想，她确实也没有打游戏、上网聊天的不良记录，就选择相信她一次。

大年初三，我们到文峰去看手机，去买单时，孩子爸爸又迟疑了，跟我说："真给她买，万一影响学习怎么办?"，我说："这是我先前答应她的。而且手机就是个工具，就看你怎么用。我相信她的自制力，她会好好使用它的。"女儿在旁连连点头，"爸爸你放心，我跟妈妈说好了，如果影响了我的学习，你们可以随时收回去。"

就这样，女儿得到了她人生中的第一部手机。开始我们也有点忐忑，还好，女儿的表现没让我们失望。她给我也设了一个指纹密码，这样我可以随时使用她的手机，她用手机最多的就是洗澡时放放音乐，不会读的单词查查英语发音，旅行时拍拍照片，上网聊天都会向我报备，到时间自己就退出了。我觉得她为了安我们的心，倒比以前更自律了。

买手机这件事其实是一次诚信的交锋，我们向孩子展示了自己言出必行，孩子也向我们展示了她值得信任。

女儿的成长故事

陈雯茜家长

分享一

记得上个学期全科竞赛，丫头只拿到了全优生。那是她上了初中以来第一次没拿到特优生，那天晚上到家她没有表现出像刚上初一时考完试的那种伤心难过的表情，而是很坦然的对我说："妈妈，这次我没考好，不过下阶段，我会注意查漏补缺，取长补短的。老师都说了老马也有失足的时候，偶尔一次考砸，没什么的。"听了她的话，我和她爸感到很欣慰，丫头的抗压能力已经培养起来了。在接下去的日子里，丫头真的比以前更努力了，晚上回家坚持做拓展，不懂的问老师，学习的劲头很足，信心十足地为期末考试做准备。可是，天不遂人愿，期末考试理科还是没考好，虽然进步了些，但仍没进入特优生行列。记得那天看到阿宋发来的成绩时，我和她爸的心里都有点慌，不是因为她没考好，其实在我们心里拿到全优生就已经很不错啦，我们担心的是她的自尊心、自信心受损。果然晚上回到家，她一副颓废的表情，说了一句“好了，我现在是考不到特优生了，就这样子吧。”然后，就直接进房间了。接下去就是暑假了，因为有这么多的预习作业，我们一家说好放假第一天就用来制定假期的学习计划。虽然她也参与了，但明显的心不在焉，可想而知，接下去的几天计划根本不能完成，而且做作业的时候明显的精神状态不佳，要么趴着，要么发呆，一点都没有效率，而且脾气也变得有一点暴躁。我和她爸很担心，决定采取行动了（一开始我们是想让她自己调整的），我们开了一个家庭会议再三向丫头强调，其实每一次的考试结果并不重要，重要的是考试前的准备，自己尽力了就问心无愧，而且离分流还有一年，相信你可以的。然后我们仨一起决定先出去玩几天，放松一下。丫头又变回了原来那个活泼开朗，积极向上的姑娘了。

分享二

我们家丫头是零五后，比班上同学都要小，加上有点小胖，体育问题一直是全家的重点话题。初一上半学期就因为体育没拿到良，错失了三好学生，当初她定了个目标，下学期一定要拿到良。她认真上好每一节体育课，坚持每天晚上跑步三圈，终于在第二学期体育拿到了良，也实现了她的三好学生梦。然后她又有了新的目标，下学期一定要拿到优，因为她听老师说的初中阶段，体育必须要至少拿到一个优，不然中考体育要扣分的。为了实现她的目标，我们又制定了这个暑假的体育计划，每天六点半起床到操场跑步，快跑，至少五圈。制定计划是简单的，操作起来，可就难了，大热天不要说快跑，就是慢跑，半圈下来就开始汗流浃背了，每次跑完看到她像从水里出来的一样，挺心疼的。一个暑假，我们至少坚持了四十天，当然中间也有过放弃的念头，可我们还是坚持了下来。前两天，丫头带回来一个好消息，这个学期她的体育成绩有九十点五了，不出意外的话应该是优。恭喜你丫头，好样的。

每天九点后是我和她爸最开心的时候，听着她絮絮叨叨地给我们讲这一天她的学习生活。感谢你丫头，把爸妈当朋友来待，能够和我们分享快乐与难过，在今后的成长路上你还会经历很多的风浪，老爸老妈永远是你的倾诉对象！

放开手，孩子能比你想得更好！

吴欣睿家长

还清晰记得初一开学的首个星期，在校门外接孩子的家长们感叹，初中的每天都这么漫长，不知道什么时候才是个头啊！

光阴荏苒，转眼间孩子们即将升入初二了，匆匆逝去的一年里，孩子身上不经意间发生了许多变化。

期间，让我印象深刻的是开学后不久，班主任宋老师安排组织一次中秋节晚会的事儿。与先前小学老师交代事项事无巨细的方式不同，宋老师只是简单嘱咐了下时任班干部的儿子说，班里要组织一次中秋节晚会，你策划个方案。要动员多少同学具体参与？策划实施哪些活动？预期取得什么效果？……宋老师一概没具体说。

儿子回家后，告知了我们这一情况，作为家长，我们也从开始的茫然，到理解这是一次锻炼的机会，可以看看他是怎么发挥组织才能的。

孩子对此倒是胸有成竹，看得出我们的想法，反过来劝慰我们："时间还来得及，明天我找班干部们商量！另外，这两天忙里偷闲，我一定要把活动方案先弄好。"

知晓孩子认真要强有责任心的个性，我们也不好多说什么，只能抽空网上找找资料，期望能提出些有价值的建议。

紧张学习间隙，儿子花了半个休息天整出了个中秋节活动方案，里面蕴含的信息量很大，既有男女同学的个人才艺秀，也有有关中秋古诗词的赏析，甚至有精彩的英文演讲和互动游戏，让我和孩子妈妈很是惊讶。看来，有时候是我们小瞧儿子了。

具体向宋老师汇报，并取得同意后，儿子还是没有放松对方案的丰富和完善，每晚繁重的学习任务结束后，他都要上网找资料，对每幅 PPT 图片进行斟酌，对每句古诗词来源进行推敲，对每个环节的流程和时间进行精确测算，对开场语和结束语进行字斟句酌，专注的模样让我们大人都自愧不如。

活动筹备过程中，也发生了小插曲。有担纲重任的同学由于思想顾虑，决定不参加活动，这可让儿子愁死了。我们建议是否需要老师出面沟通下，儿子坚定地说不用，我自己来做她思想工作。通过反复细致的思想工作，同学终于被他说服了，十分乐意参加活动。

紧锣密鼓筹备的同时，儿子还耳听八方关注隔壁三个教室的动静。当他知悉其它班级都对教室进行了简单布置，安排了 DIY 蛋糕等环节时，他也与时俱进，立即调派妈妈紧急购置装饰品和零食、饮料等，为整个活动营造了浓郁的氛围。

在孩子的不懈努力下，活动进行得热烈而不失欢快，个人自觉比其他班级的同类活动更多了份仪式感和文化底蕴，有效增强了新组建班级的整体凝聚力。

点评：联想到前些天，适逢母亲节，儿子在给妈妈的一封信中，除了真切感受到儿子对我们的感恩，还多次提及不要对他过多打扰。也曾记得宋老师在几次聊天中，希望我们把更多事情交给孩子自己动手。是啊！兴许是我们舍不得放手，才让孩子放不开手脚。

先前，儿子在我们夫妻俩眼中还是个需要关爱的大宝宝，可不知不觉间他长得比妈妈都高了，穿着和我一样尺码的鞋子了。一直记得单位某位培养了优秀女儿的领导的箴言："放手越早，成长越快！"

通过上文提及的这件事儿，看来儿子真的是长大了，开始独立思考分析，解决自己的问题了，相信放开手，他一定会比我们想得更好！

孩子成长中的故事

施雯家长

孩子进入海中附校初一（1）班，转眼快有一年了。今天班主任宋老师布置了一份特殊的家长作业：收集孩子进入初中以后发生的真实故事。说实话，作为家长我们不是有心人，在日复一日的平淡无奇的生活中，从没留意孩子身上发生的事，更别说记录下来，现在要说个一、两件竟不知从何说起。

一、散打训练的坚持

小学毕业的暑期和好朋友一起报名参加了"散打训练"，旨在强健体魄，能学一技之长，保护自己。因为有优惠，所以报了两期的训练，想着开学后每周一次，时间也不长，应该没什么问题。没想到进入初一学习后，学校只有周六一晚和周日一天的休息日，训练的时间从周五晚上调到周六晚上，但两周下来发现学习一天后再去训练太累了，散打运动挺消耗体力的，又把时间调到了周日晚上，心想作业都解决了，没有后顾之忧地去训练效果应该更好。

连续两周的表现确实不错，作业总在训练前就完成了，尽管训练得又热又累，孩子倒没叫苦。第三周的周日下午，孩子主动和我说，今天的作业挺多的，估计晚上的训练去不了了，我也没多想，随口一说："你抓紧吧，实在来不及我帮你请个假，下次补一下应该没问题吧！"孩子听完一副如释重负的表情，那天的作业是在训练开始半小时后完成的，训练就没去成。

没想到下一周日相同的情况又出现了，还没到最后时间，孩子又有状况了，晚上的训练不想去，理由是作业多，来不及做啊。这次我发现苗头不对，难不成想"逃练"，几次不去，拉下课程不说，孩子的这种逃避意识可不行。我不露声色，没有直接回答她，趁着休息的时间，用聊天的方式，聊到了这事："妈妈也知道，进入这个学校这个班级啊，学习压力挺大的，竞争很激烈，作业多一点难一点都是正常的，你想用更多的时间来学习，这是好事，妈妈支持的。但散打的训练，当初是你自己的选择，好比已经上了车，总归要到站才能下车吧，不管什么原因，半路下车浪费了车费不算，也失去了到达目标的方向。这也是学习呀，训练是苦是累，一个暑假已经坚持下来了，这第二期的训练也开始了一个月了，难道你真的想放弃了？即使今天的作业在训练前还没完成，那到时间点先去训练，完了回家再做，作业归作业，训练归训练，挤时间也必须坚持到底！你常说那个同学钢琴弹得好、那个同学弹古筝真厉害，羡慕得不得了，想想他们为什么会优秀呢？任何事贵在坚持，道理你不是不懂，轮到自己身上怎就忘了呢？"

孩子听了我的一番分析，沉思几分钟后，说："妈妈，我懂了，加油！把作业赶紧做好，相信训练之前也能完成的，实在不行回家再加工。"那天的作业赶在训练之前完成了，如果没有那番交流估计训练又"泡汤"了。

点评：孩子一时的偷懒属正常现象，作为家长应适时引导，交流分析，让孩子明白道理时更要以身作则，不能空口说说。贵在坚持的道理不仅在学习上，生活中的小事也随处可见。

二、每日一题的钻研

数学袁老师从期中考试后布置了每日一题的任务，建立了“数学爱好群”。把每题解决的答案及时发给老师，老师不辞辛苦地进行公示表扬，对于孩子们来说，这无疑在激励他们多钻研难题，提高他们的数学解题能力，培养他们的数学兴趣。刚开始的几日每天都在学校的夜自修课上就把每日一题给解决了，回到家直接拍照上传，好像还很轻松。但没过几日，她就把题目带回家做，说是在学校做其他作业没来得及，遇到有问题的我还帮着分析一下，孩子也几乎都能解决。

有一天，孩子又有问题带回家了，进门第一句话“妈妈，今天的每日一题你快帮我看看，我不会!”而此时袁老师已经在微信上公示了部分学生的名单，还不少人呢，我一看一听，顿时有点生气了，声音分贝也提高了：“这是老师布置给你的每日一题，还是布置给我的呀？自己有没有钻研钻研，是不是以为家里有数学老师的妈妈，自己就不用动脑了呀!”“哪有，我在学校已经想了好一会了，就是想不出嘛!”口气中带着委屈和不服。初中的孩子开始叛逆，一语不合可能引发家庭“大战”，于是我耐着性子，降低声音，委婉地说：“你自己来看，题目有难度，但我相信，你可能再思考一分钟也许结果就呈现了呢，你看！已经有好多同学上传老师了！说明这题也不是很难的，把题目条件再分析一下，你再试试呗。”孩子接过手机看了一下已上传的信息，默默地打开作业本继续完成，五分钟后也真的解出来了。

事后，我告诉孩子，像这样的题目就需要认真仔细的审题，数学上的钻研精神不是嘴上说说的，不能因为家里有妈妈帮忙或是电脑上搜一下，就把问题带回家。缺少自我钻研的过程，长久以往，数学的解题能力是得不到提高的。

点评：解题能力的提高在于勤思考，多练习，积累方法和解题的思路，自我钻研的过程必不可少，不能过分依赖外在的条件和帮助。

家有女儿初长成

张睿靓家长

时光荏苒，转眼女儿初一阶段的学习生活即将接近尾声，现将初一阶段的学习生活略记一二。

起床记

进入初中后，孩子的作息时间较小学阶段有了很大改变，特别是早晨学校要求六点五十前到校，于是每天早上六点准时起床对于怎么睡也睡不醒的女儿来说成了一件老大难的事。一开始，女儿也在床头摆了个闹钟，时间定在5：50，可是每次时间一到闹钟响起，她就把闹铃掐了继续睡，这闹钟也就成了摆设。到了六点，我会去孩子房间叫她起床，然后去做我的事情。孩子对我第一次的叫早毫不理会，仿佛是每次起床前的预热，直到15分钟后我看实在来不及了就气急败坏地冲入她的房间，连喊带骂地看着她把衣服穿好，每一天的早晨我们家就是在这样不和谐的气氛中开始的。因为时间紧，本来为孩子准备好的早餐也被她吃个一两口草草解决。这样的状态持续了一段时间，直到有一天，我下定决心改变这样的状态。前一天晚上，我对孩子说明天六点我就叫你一次，如果你不起来上学迟到就不关我的事了。到了第二天我六点准时叫她起床就去洗衣服了，孩子一开始没怎么理会，依旧应了一声继续睡觉。时间在一分分的过去，我的心慢慢开始揪起来，我告诉自己即使孩子今天迟到也要控制住自己不去喊她。所幸的是我前一天晚上对她说的话起了效果，过了十分钟孩子自己就起床了，以后的两个星期我都控制着自己只喊她一次，后来我正好要去外地出差一个星期，孩子又开始用闹钟叫早，这以后准时起床变成了孩子自己的事而不再依赖于我。

点评：有的时候与其说是对孩子狠一点，倒不如说是对自己狠一点，是我们家长过度的纵容才使孩子存在依赖思想，要想改变孩子首先得改变自己。

心理学测试

一个偶然的机会，带女儿玩了一个沙盘游戏（心理学游戏）测试，用40分钟的时间构建一个你期望的场景。40分钟过后，心理学老师让我看看女儿的作品，整体是一排排高楼和树木，树木上面还有一些果实，并且搭了一座桥，桥下面铺了许多紫色的小石子。我说："不错，构建合理，比例得当。"老师问我："你知道在你女儿最希望成为什么？"我彻底懵圈，老师告诉我女儿最希望自己成为河里的一颗小石子，普通而晶亮。这个测试过后，我不再逼迫着孩子干这干那，一个初中的孩子本该有自己的想法和处事方式，过后没想到女儿也会在主持人比赛中报个名，有空的时候在琴上弹上一段，当久违的琴声在家中响起，尽管有些生疏，但我觉得特别好听。

点评：初中的孩子到了叛逆期，适度的放手反而起到意想不到的效果。

重测800米

两个星期前，女儿回家对我说她的800米体育测试离满分的成绩只差一点点，说要再跑一次拿个满分。我对此很不屑，只是相差一点点，分数也相差不是很大，是否有重跑的必要，但我没有直接对女儿说出我的真实想法。没想到女儿对这件事倒是很上心，特地带了一双轻便的鞋子到学校，还一直向我打听最近一周的天气情况，在此期间她得了一次肠胃感冒，身体本来就比较虚弱，我就劝她重测800米的事作罢，她可能觉得我会比较担心她的身体就答应了。前两天，女儿开心的告诉我她的800米重测得了满分，而且比满分的成绩快了好几秒。其实女儿的体育成绩本来就不好，但对于她擅长的项目通过重测取得更好的成绩，这是值得肯定的，也确实让我对她刮目相看。

点评：孩子有时候比家长更了解自己，从这次体育重测看孩子本身是要好的，也了解自己所擅长的项目。如何助孩子一臂之力，体育测试如此，学习上更是如此，这是摆在我们家长面前的一个问题。

孩子的成长故事

陆柯磊家长

不知不觉，孩子进入初中学习生活已一年多了。今天，收到了宋老师布置的一个作业，让我们家长回忆孩子进校一年多的点点滴滴，面对这样子的一份作业，作为一位母亲，作为一个目睹孩子点滴成长的家长，我有很多的感想。这近一年多的时间，发生了许许多多平凡却又不平凡的事，都历历在目。

记得初一下学期，有一天中午，孩子突然给我打电话，告诉我脚崴了，让我接他去医院。说实话当时我是有点生气的，心想，也不是什么大事，就要去医院，难道是想趁机逃课吗？但是作为母亲的天性让我忍下了腹诽，向单位请了假就开电瓶车去学校接他。

一路上，孩子一句话也不说，更让我觉得他伤得不是太严重。到了医院，我带他挂号拍片，结果医生说情况还挺严重，有轻微骨裂，建议回家休息几天。让我意想不到的是，孩子居然拒绝了医生的建议，告诉我下午第二节是数学课，不想落下，让我等下送他回学校。

那个瞬间，我是很震惊的。自从上了初中，孩子的成绩就不是很突出，尤其数学，更是他的薄弱科目。一直以来，我都以为他对学习失去了热情，所以成绩才提高不了。一般来说，哪门科目弱，就会不喜欢那门课程。可是孩子他，虽然数学不好，可他还是想要得到提升的，所以才会在医生提出让他请假休息的时候拒绝了。而我作为他的母亲，不仅不相信他是真的伤得很严重，还怀疑他是想借脚伤为借口而不上课，实在是太惭愧了。

带着对孩子的愧疚，我将他送回了学校，赶上了第二节数学课。我突然觉得平时跟孩子的交流太少了，对他还是不够了解。通过今天的事情，孩子在我心里的一些印象也有所改变。希望今后能跟他好好交流，只有沟通了才能知道彼此的想法，母子之间的心意才能相通。

初中生活成长记

包涵家长

孩子成长的每一个阶段都是不可重复的，家庭是孩子的第一课堂。每个孩子都是一颗种子，不仅需要养料润养，更需要父母用爱来灌溉。若把孩子的初中生活比作一个五彩缤纷的珠宝盒，发生的点点滴滴就像那一颗颗饱满、圆润的珍珠，串在一起便成了这一生都不会忘记的幸福项链。

进入海中附校的第一次摸底考试，在数学这门课程上你得了一个非常刺眼的分数。为此，你曾哭泣，近乎歇斯底里，作为家长，我们心急如焚。你可能有所不知，我和你爸为此彻夜长谈。鼓励你将小学时候的众多光环一一收起，既然选择海中附校，面对的学习环境是极具竞争和挑战，也就意味着选择了执着，选择了坚持和刻苦。大家相聚到海中附校，只说明小学阶段的优秀。现阶段必须调整学习方法，看到的是你每天下晚自习后钻研难题，正是付出的努力与坚持，正是这点滴进步，使你一直在特优和全优中。我们知道，这样的结果比开学初期有了很大改观，但对于你来说是不满意的。你常说要逼迫自己，挖掘最大潜能。孩子，我们相信你一定行！

你还记得吗？那是一个周日的清晨，你被我从温暖的被窝拉起。你揉着惺忪的双眼，坐到阳台上看起书来。而在这间隙中，你惊叫起来：“老妈，你长白头发啦！”说着便帮我拔了下来。看到你眼中流露出的不舍。是呀，白发诉说着操劳的岁月，但同时也是自然规律。我们逐渐衰老的过程也见证了你的成长，目送你的背影渐行渐远。

曾有人说过，教育就像牵着蜗牛去散步。孩子，放平心态，我们家长会满怀信心陪你成长。我们也向你保证，一定控制好自己的情绪，尽量处理好每一个当下！

家庭教育之洗碗的故事

盛楠茜家长

这个学期第一次月考成绩出来后，女儿一贯乐观地认为“尚可”，我们的心里是觉得不够理想。但考虑到学校里高强度的学习压力，我们没有过多的强调其中的失误，只是按惯例要求女儿总结好这次月考的经验教训。女儿认为主要在于有些知识点和概念掌握得不清晰、不牢靠、似是而非，她总觉得下次考前复习的时候再加以巩固就万事大吉。而事实上我们家长作为旁观者，清楚地了解紧张的学习节奏并没有时间让她在考前再巩固，她这种不及时处理学习难点的危害性很大。但光讲道理对于一个已经有了独立意识的中学生来说，说服力显然是不够的，我们寻找着合适的机会让她从实践中去获取一些真知。

机会来了，十一假期的某天中午，我做了一桌的菜。吃完饭，离女儿约定的和同学小聚的时间已经很近了。女儿催着我快走。我指着满桌狼藉的碗碟，故意为难地说要把碗洗完了再走。女儿怕迟到，急了，说：“快走快走，我不能和同学失约。大不了晚上回来我洗碗。”我很高兴女儿是个守时守信的人，也暗自为她“上钩”而窃喜。“好的，那说定了，晚上回来你洗碗。”

晚上回来，女儿如约去厨房洗碗了。我进书房忙我的了，心中暗笑。果不其然，没两分钟，女儿就在厨房大喊：“老爸，这个碗怎么这么难洗，好多饭渣用抹布洗都洗不掉，还得用清洁球擦。”我走近看了看，淡淡地说：“碗上的米粒不及时清洗，时间一长就板结了，清洗自然就难了。你不是喜欢平时学习不及时消化，要留着复习迎考前再努力吗?”女儿顿了顿，似有所悟。朝我伸了伸舌头，做了个鬼脸。我接过女儿手中的碗，笑着说道：“好吧，你明白了就行，去写你的作业吧，搞好后勤是爸爸目前的本职工作。”

但愿女儿能在学习中，把当顿的“碗”当顿就洗干净！

坚持就是胜利、细节决定成败

顾宇乾家长

孩子，从你呱呱坠地到进入初中学习，一晃十多年；求学之路艰辛而充实，每天看着你早早起床，带着朦胧的睡眼完成洗漱、吃完早饭，白天一天忙碌学习后晚上回到家还要整理一天的资料做一些必要的拓展，有时在想你那小身板真能扛得住吗？爸爸妈妈在陪伴你成长的过程中也一直在思考如何让你的求学之路走得更加坚实。

一天，我偶然发现家里角落有一副弹簧拉力器。我忽然想，儿子每天上学和放学路上的几分钟也没什么事情干，这不是挺好的一种锻炼途径吗？于是我就随手拿着放在车上。第二天儿子上学发现座位上有一个拉力器感觉挺好玩，就自己拿着玩，但很快新鲜劲过了就不想碰了。我就和你说："这是锻炼身体的好方法，你不是引体向上做不起来吗，你如果能够坚持将三根弹簧拉的比较自如了，那引体向上就不是个事。"儿子是一个要强的孩子，虽然有时面对巨大困难时难免有些自信不足，但是我相信只要坚持就能迎来胜利的曙光。

就这样我每天督促儿子在放学的路上坚持锻炼，开始只能拉一根弹簧，而且经常因为动作不标准而把两边的钩子弄坏，我一边修理一边和你说："做任何事情都要关注细节，不能光使蛮力。首先要将拉力器整理好，放的时候要平稳，在学习上也是这样，遇到困难不能就是抱怨，那无助于问题的解决，而是积极寻求解决的办法。"我说："把大多数人都会的事情做好，那你就是一个合格的人；把只有少数人能做到的事情做好，你就是一个优秀的人；而把别人都不会的事做好，你就成为一个卓越的人！"儿子若有所悟，咬牙坚持着！

几个星期后你告诉我，一根弹簧太没挑战力了！我高兴地帮你加了一根，开始感觉不适应，但很快也能拉了，有时我发现你能做到竭尽全力地去做，我就知道你今天在学校是非常投入的，学习上比较有获得感；有时我发现你拉得漫不经心，我也能感觉到你在学校学习和生活中遇到一些障碍了！这时如果你能坚持继续竭尽全力，我想没有什么困难是无法克服的。

老师要求你将做过的作业经常自我梳理、巩固消化，但你开始时总是看了一眼就感觉任务完成，缺少坚持。后来我发现你的拉力器拉得越有劲，你学习上的一些坏习惯也在慢慢转变，上周你告诉我测肺活量终于达到满分了！看着你高兴的样子我真的要感谢小小的拉力器！

儿子，求学的道路注定充满艰辛，就像拉力器要一下子拉五根弹簧是不可能的，我们必须坚持做好每一件事，注重细节，只要坚持到底，相信成功一定属于你！

家庭教育故事

黄俊翔家长

“春夏秋冬四季，转眼六年离去。再回首，忧愁交织欢乐，晴天伴随风雨。再见，阔别；老师，同学。学业有成时，高歌再聚；心愿梦想，只在明朝六年。”这是儿子的毕业吐槽，还历历在目。2015 年 5 月 18 日，这是一个永远不会忘记的日子。儿子以优异的成绩，收到了海门中学课程基地班的录取通知书。“滴答”，时间飞逝，转眼已有两年多了。这期间，有努力也有汗水，有自信也有沮丧，有成长和收获。

说起家庭教育，我们家长做得极不合格。因为爸爸常年不在家，对孩子学习上的帮助甚少。我因为工作在乡下，早出晚归，且平常没有休息日，对于孩子的学习完全照顾不到。我都不知道孩子各个学科学到哪里了，遇上难题，孩子只能自己解决，这样也好，养成了他的独立能力。作为两个儿子的母亲，虽然很辛苦，谈起孩子，我的内心却无比甜蜜。大宝会因为酸奶太好吃，给我留半瓶，小宝会因为我下班回家太冷，把脚上捂暖的鞋让给我穿。还记得去年的圣诞节，兄弟俩守着一个美丽的蛋糕要等我回家才切开。前阵子的家长课堂上，儿子得到了一块巧克力，自己舍不得吃，回家要和我、弟弟一起分享。成长路上的点点滴滴犹如雨露，滋润着我，累一点又算什么？今年孩子的爸爸生病在南通住了一个月多的医院，大儿子又过早的充当了家长的角色，指导弟弟的作业，让我安安心心。虽然我没什么文化，但我平常比较注重孩子的品德教育，告诉他，不管如何，都要尽可能的去帮助别人。

因为骨折，孩子幸运地来到了现在的班上，老师的鼓励，同学的热心，让孩子自信满满，充满了对未来的期望！妈妈希望你踏踏实实，勤勤劳劳，心怀梦想，走好人生每一步，当一个顶天立地的男子汉！

能仁班　师生文集

回到那一刻

王帅玲

门底的毛毡蹭过木质的地板，发出细微的沙沙声。我停下手头的工作抬眼去看，一个西装革履的青年匆匆忙忙地走到柜台前。他的领带歪到一边，眼神无光，步履匆忙。我没兴趣再打量他，因为他一如我之前的所有顾客，这种被命运打击的神态，像是从一个模子里刻出来的一样。

他向我倾诉他的苦衷，向我请求回到过去。我漫不经心地听着，熟稔地操纵时间机器将他送回到以前。

我低下头去在账单上勾上一笔，看着鲜红的勾勾，一种异样的预感浮上心头。我甩了甩头，预感，在这个平行时空的交汇处，只是个荒唐的笑话罢了。

我起身泡了杯茶，有点烫，我小口小口地啜着。目光透过氤氲的雾气，我注视着厚厚的账本，心中不免感慨。命运掌握在我们自己的手里，只要我们想，就能回到过去篡改将来，让一切如自己所愿。

按既定的计划而行，这样的未来才是值得期待的。

“哒哒哒”只有高跟鞋才能发出的急促叩击声由远及近，扰了我的思绪。声音在我的门口停下。门慢慢地被推开一条缝，我饶有兴趣地望着地面上漏进的一条光线，灰尘颤颤巍巍地在其中飞舞，就好像门外人颤抖不已的心跳。

我极有耐心地等待了许久，等待那个我早已知晓的答案。果然，那条光缝哗地扩大，门被推开了。那个女人走了进来，她穿着修身的职业装，鼻梁上架着一副方镜，头发高高盘起。我将目光下移，注意到她艳红的高跟鞋，就和她翘起的嘴唇一般颜色。她看起来光鲜亮丽，但我已经看到她背后的阴翳。

门自动关上了，室内的光线一下子暗了下来。我等着她的梨花带雨，但她迟疑了一会，镇定地开了口：“这个请求也许很荒谬，我想让你把我送回我来到这儿之前，我后悔进来了。”

我一怔，我从未听过这样的要求，这的确超乎了我的意料。我的心里的预感又泛起一股波浪，但我不会拒绝客人的要求。我在心里抚慰自己，这不过是感性女人对过去的不舍，与我的预感并无关系。

在按下时间机器的按钮前，我还是忍不住问了她为什么。“只是觉得修改过去，是对未来的不负责任。若是每次失意都想后悔，那我不知道活着有什么意思。”她阖上了眼睛，似在叹息，“就当我没来过这里吧。”

我晕乎乎地从时间机器旁走开，趴在账单上，余光落在店铺的角落，那里似乎站着一个人。我揉了揉眼睛望过去，看清了那个人的轮廓。他是什么时候进来的？他不会听了刚才顾客的奇怪发言就不想回到过去了吧？我敲了敲脑袋，离开柜台，走到他跟前去。

“你好，请问有什么可以帮你的吗？”

我看不到那个人的脸，像许多法国大革命时期的旅人一样，他穿着斗篷，习惯隐藏自己。我听见他笑，然后他说：“把店铺关了吧。”

他的语调很轻柔，但是挑起了今天埋在我心里的那颗预感的种子。我生硬地问他，为什么。

“因为你看，未来之所以让人期待，是因为它的不可捉摸；生活之所以让人眷恋，是因为它的不可掌控。做出的每一个决定都无法修改，踏下的每一个脚印都义无反顾。因为不能后悔过去，我们才会正视前方。”

“所以关了这家店铺吧。”

不知从哪里来的风，掀开了他的斗篷。昏暗的光线里，面前的人，俨然是我长大后的模样。

我忽然想到那一个个来到我的时光旅馆的顾客，他们失意而来，乘兴而返，但是我从来没有根除过他们的烦恼。他们对回到过去产生依赖性，对将来也兴趣缺缺，没有干劲。回到过去，篡改那一刻，但结果，真的如自己所愿吗？

我恍然醒悟，合上账本，闭门谢客。

许多年后，披着斗篷的我回到这里，抚上落尘的时间机器，让自己回到那一刻，挽救了那个年轻鲁莽的灵魂。

（本文获第十二届全国中小学创新作文大赛一等奖第八名）

那么近，那么远

盛楠茜

离我忽近忽远，让我又爱又恨的作文君：

你好呀！

第一次如此冒昧地写信给你，只是想问问你：为何你让我感觉那么亲近，有时又那样遥远呢？

孩提时，懵懵懂懂，初次见你的那个春曦却深深地镌刻在我的脑海里，挥之不去。

晨光熹微，似小精灵般的阳光跃动在窗台边的绿叶间。微风拂动，与花翅膀的小蝴蝶跳起了《花之圆舞曲》。母亲在这片洋溢着美好与欢悦的背景中，轻提一支笔，翻开那盛满时光印记的笔记本。笔尖在雪白的纸上开出了一朵朵墨色的花，也在我的心上绘出一幅斑斓的画。母亲的嘴角始终噙着淡淡的笑意，好看的45度像天边的彩虹桥那般绚烂。母亲的目光如流水般温柔，倾泻在纸上，流淌成她喜欢的样子。那时还不知那是母亲和你的约会，那张白纸，那写满字的本子，是母亲写给你的情书，只是觉得母亲与你的世界离我那样远，那样遥不可及。

少年时，进入了知识的殿堂，那个夏午时分，我与你正式见面。与你握手的一刹那，我觉得你似曾相识，心中的某块记忆碎片被启动了。我与你那么亲近，你，就是我的“命”，生命的命，命运的命，使命的命。

为了不断靠近那个光芒四射的你，我与书结缘，与笔为伴。我的心上，有“战火中炼就的铿锵玫瑰”斯嘉丽，有处事圆滑端庄大方的薛宝钗，有忠义两全英勇无畏的梁山好汉……我的笔下，有校园生活中，率真负责的“小辣椒”；有从古至今，令人神往的遇见；有零星时间里，优雅闲适的古筝一曲……

我在路上奋力奔跑，因为你在路的尽头，在心的终点。当我感觉你离我那么近，近到触手可及时，成绩如王母娘娘的金钗般无情地划地成河，将你我生生地隔于两岸。

我想用一片真情，一腔热血做舟，以一本本书积淀的文思为桨，渡河过去与你相会，可那似乎是痴人说梦。

背文章，生搬硬套，成了我唯一的选择。别人的生活，别人的文字成了考试的通关宝典。高高挂起的“作文全校第一”，许多老师的青睐有加，同学们的羡慕嫉妒，让我得意，让我骄傲，让我感觉你离我再无间隙，那样接近。

可是，当我的题材一而再再而三地放在答题纸上，当繁华空虚的词句让我都一度茫然，当我真正成了“别人家孩子”的复制品时，我仿佛听到了内心深处的回音。我与你已渐行渐远，我又回到了原点，或是比原点离你还远的地方。

我努力说服自己，你依然是与我亲密无间的知己，直到那个夜晚。一向温婉的母亲将我的“得意之作”撕得粉碎，雪白的碎片刺痛了我的眼，耳畔还是母亲那句“你已经失去作文的本真了，还谈什么写作!”

那一刻，我的初心苏醒了。我重新拾起在半路中遗失的书的行囊，在自己的小角落里安安静静，踏踏实实地靠近你。

今天，我坐在作文决赛的现场，你在我的对面，你离我那么近。我只想问问你：为何你有时离我那么近，有时又那么远?

你是那样单纯，是不是我也要找回写作的初心，重新与你坦诚相待?是不是只要怀着单纯的情感，抛去功利，生活就是我与你初见时的美好模样?

你曾经离我那么近，又那么远，但我好像找到了与你不再遥远的方法。

单纯待你，真情待你。

是吗?

爱你的 Nancy

2017. 12. 09

（“初中生世界杯”江苏省第十七届中学生作文大赛初中组特等奖第三名）

心灵的色彩

吴昕睿

心灵的色彩是极为丰富的，有给人希望的金色，有令人生厌的黑色，有使人恬静安详的蓝色，然而这大千世界里最多的，还是如阳光一般、让人感到温暖的红色。

暑假里，我去了国外旅游。深夜的地铁站高潮已过，显得有几分冷清，偶有人影闪过，也是步履匆匆。我们一行人拖着重重的行李，在出口处层层叠叠的台阶上吃力地爬行。突然，伴着一声巨响，与我们同行的一位阿姨不小心跌下了台阶，她的行李箱连翻了好几个空心跟斗后终于重重地砸在下面的平台上。所幸的是，阿姨没事！她是趔趄着向斜后方倒去的，此时，正一屁股跌坐在台阶上。有那么一瞬间，我们大家似乎都愣在了那里。可是，好像突然有一股神奇的力量似的，随着一阵杂沓的脚步声，人们纷纷朝阿姨这边涌来，一个，两个，三个，十多个素不相识的人不约而同地来到阿姨身边，脸上毫无例外地都呈现出担忧和关切的神情。一位西装革履的上班族微笑着扶起了那位阿姨；一位老爷爷把手里的粗拐杖放到一边的墙角，又一步一步迈下台阶，用颤抖的手把那只可怜的箱子拎了上来；一位和我们同行的小男孩，一手拿了一片创口贴，一手紧握着几粒水果糖，跑到阿姨跟前，说："阿姨，贴一片创口贴，你就马上不痛啦！这糖也给你，吃了你就会开心啦！"稚气的童音伴随着足以融化十里寒冰的微笑。那位阿姨又感激又难为情，还来不及拍拍身上的灰尘，就向大伙儿深深地鞠了一躬。顿时，我的心中，竟也感到了丝丝甜蜜。

此时，我分明看到那个上班族，那个老爷爷，那个小男孩，他们心灵的色彩是红色的，他们的热情和善良，不仅温暖了那位阿姨的心，也让我的心里暖意融融。那位上班族，终于忙完了一天的工作，他的妻儿正坐在温馨的餐桌旁等他回家，可他连忙挂了手机来帮助阿姨，他的心是带了温度的红色；那个老爷爷，可能刚刚和好友叙旧回来，他的老伴因为不放心已在电话里催了他无数次，他的心灵是阳光一般暖人的红色；与我们同行的小男孩，随着他年轻的妈妈出游，他的眼睛在阅读自然，他的心在阅读人世，他的心又多像晨曦一般红得纯净啊！他们乐于助人的品质，是一种不需要任何理由就可以付出和给予的美好，是人心灵深处最动人最耀眼的色彩——红色！

至今回想起那件事，回想起他们亲切的笑容，我都不禁由衷地感叹，那用温度、用光芒、用热情构成的红色，当之无愧是人心中最美丽的色彩！那么，我的心灵色彩又是什么颜色的呢？每每看到有人需要帮助时，我便这样问自己。

（海门市第四届中小学生现场作文大赛初中组一等奖）

赶　路

盛楠茜

我们唱了一路的歌，却发现无词无曲。

我们赶了很远的路，却忘了为何出发。

——题记

密密麻麻的动点定点，交错复杂的函数图像，必须熟记的理化公式，一张张试卷，一叠叠习题，一本本宝典，铺成一条长长的路，等待着我匆匆忙忙地赶。

厚重的古钟敲了十一下，我却像被注射了兴奋剂一般。手中的笔极速书写，越旋越快，好像要飞出来似的。我在难题之路上越赶越急，思路开始混沌，字迹开始模糊，脑袋开始低沉……

朦胧中回到了那有雪的冬日：雪天的白昼总是很短，像兔子率性的尾巴，一甩，一天的时光就溜走了，只留下水井台上孩童的手印，和那红萝卜鼻头的小雪人。而夜晚却悠远得好似斑驳的老屋，唯有恬静与安谧。雪花簌簌地落着，风安静地睡去，远树近水被夜色围拢而来，婴孩一般安卧在村庄阔大的臂弯里。

老屋里，炉火正旺，火苗间或亮出来，舔舐着水壶，壶水呼呼地散发着热气。木格窗棂的玻璃上，热气凝结而成的水雾模糊了一片；洇湿了墙壁，像梦呓的印痕，烙着时光的印记。

沉甸甸的汤婆子暖暖地捂在怀中，萝卜头一般的小手贪婪地享受着温热。这铜制的器物上，印刻着亲情的指纹，传递着一代代人的温暖。双脚被奶奶亲手缝制的暖鞋包裹得严严实实，暖得并非只是自家种的棉絮，还是那一针一线中滚滚流淌的亲情，不仅点燃了全身的血液，更让一家的心都紧紧相拥。

不知何时，爷爷已端着那一碗红枣银耳羹，笑眯眯地向我走来。热腾腾的暖气温热了我红彤彤的小脸，一颗大红枣滑入嘴中，轻轻一咬，丝丝甜蜜就充盈了唇齿之间，笑声便清脆地荡漾在老屋里。银耳滑腻爽口，莹润得如水晶一般，软软的，温柔了整个冬夜。爷爷也笑了，沧桑的皱纹竟盛放成一朵花。这样动人的感觉那么真实，那么触手可及，暖得让人感觉不应只是一场梦。

梦醒时分，望着眼前一摞摞的书，心中不再焦躁。心灵的空缺被填满了，那里满满的——是故乡，是童年，是亲情。原来，在赶路的途中，我虽然一时遗忘，但他们却稳稳地一直都在。

或许，我们抱怨生活节奏太快，总是争分夺秒地赶往下一站，而把故乡抛在了某个角落；或许，我们在路上猛然回头，才惊恐地发现，故乡已经毁容，不再珍藏着记忆；或许，我们……我们总为自己的迷失寻找合适的理由，却未曾想到探访一下自己的真心，思寻回望故乡那方。

赶路，并不是无情的减号，而是温情的加号。只要我们朝着梦想赶路时，用心去感受故乡给予的力量，那份坚毅便会越发厚重与踏实。

我提笔书写，迎着难题之路，再次赶上。这一刻，我的脚步从容又坚定，因为不管世界多辽阔，心中美好的记忆一直都在……

（发表于《海门日报》2017. 10. 19）

心灵的色彩

盛楠茜

开学伊始，我破天荒地下定决心收拾一下书柜，只为了给新进的大批练习册腾出空间。那古旧的箱子静静地躺在书柜顶层，不喜不悲，在角落里等待着我。岁月早已斑驳了曾经光鲜亮丽的油漆，扭曲的木质纹理，凹凸不平的表面上满是厚厚的一层灰尘。

轻轻拂去那飘逸的尘埃，打开，里面久违的物件让我有些恍惚：干瘪的水彩，蒙尘的画纸——这是我丢失的画箱，还是我遗忘在路上的梦？

我放下手中沉甸甸的东西，将心放回静处，一张一张仔仔细细地翻看画纸，那些远去的童年片段，缓缓驶回记忆的港湾。

青葱的色彩那般稚嫩，一如我初次落笔而成的那幅画。一个冒着炊烟的小木屋，一条弯弯曲曲的小河，一片碧绿碧绿的草地，最简单的线条，最夸张的色彩，却组合成了留在我记忆最深处的那片最动人的风景。

甜甜的粉色象征着每一个女孩的公主梦，为爱画上最亮丽的色彩。一个个寒来暑往，一点点微小进步，小小的我，大大的画箱，相依相伴。烈日下，大颗的汗珠从额上滚落衣襟，我一动不动地坐在窗边，一笔一画地勾勒着盛放的粉荷，硕大的花瓣，喜人的颜色；寒冬里，我用热水化开冻僵了的颜料，用僵硬的手一朵一朵描绘着雪地上红颜惊鸿的腊梅……一天一天，我用画笔描绘着我心中的画家梦，诠释着我对绘画的爱与执着，心灵的色彩如此斑斓。

风儿轻轻地掀开了几页，画作戛然而止，目之所及，是一片刺眼的空白，那颜色似乎在质问我：然后呢？

然后呢？

然后……然后我升入了高年级，考试的压力使我变得“现实”。奥数，新概念……我的生活被这些所谓的高分法宝挤压得没有一丝空间，水彩画纸锁紧箱子，安置于书柜的最顶端，连同我的梦想一起从我的生活中淡去。站在名校大门前的那一刻，我的童年，结束了；我心灵的色彩，褪去了；我最初的梦想，弄丢了。

我似乎永远地丢失我的画箱了：我开始沉浸于题目而不是色彩，多彩变得黑白；大自然的美丽已无法唤起我创作的冲动。在成长的道路上，我的激情被理性所取代，幻想被现实更换，心灵的色彩已在时间的洪流中无影无踪。

这，就是成长的代价吗？

忽然明白，这些年来我丢失的，岂止是这一方小小的画箱？

是一颗纯真的心，是一个斑斓的梦。

是一片充满幻想与激情，洋溢执着与梦想的心灵的色彩。

丢了的画箱可以寻回，丢了的画笔可以重拾，可丢了的童年呢？丢了的那片心灵的色彩呢？

只能远远地留在身后，成为漫漫成长路上一块令人悲哀的里程碑。

（海门市第四届中小学生现场作文大赛初中组二等奖）

那一次，我用尽了洪荒之力

严哲倪

小时候，每每看见钢琴家的手蝴蝶似的在88个黑白相间的琴键上轻盈飞舞，我陶醉其中，立志将来要成为像郎朗一样闻名遐迩的钢琴大师，这理想的种子埋在我幼小的心灵深处。

学琴路漫漫，我经历的，实在太多。

狠狠地“砸琴”

明天就要参加钢琴比赛了，我坐在琴凳上，做着最后的准备，可不知怎的，以往从未有过的错音接踵而来，像拦路虎，挡住我前行的去路，似病菌，肆无忌惮地侵蚀那流畅的旋律，一会儿碰错和弦，一会儿又忘了升降号，错误百出。我听着那别扭、刺耳的曲子，心乱如麻，燃起熊熊烈火，急性子的我，那有限的一点耐心如一支熊熊燃烧的蜡烛，渐渐地，渐渐地，终于，彻底烧完了！

望着“可恶”的钢琴，“砰——”我重重一拳砸在琴键上，心中升腾的不满终于得到发泄。

但转念又想，再多的愤懑、恼怒，又有何用呢？

泪水划过脸颊，我拭去，重新又坐上这琴凳，盯着五线谱，逐句练习，泪水却不断涌出，无奈，我只得边抽泣，手上还不停地弹奏，一个十六分音符被我屡弹屡错，我规定自己练习五十遍，才得以解决，即使做到把音符弹奏准确，这是远远不够的，还不得不重视音符的旋律性和完整性，让人听了有赏心悦目之感，我找来钢琴家李云迪的演奏视频，逐句模仿，一直到自己满意为止。

那一次，我整整练了五个小时，真算是用尽了洪荒之力！

走下琴凳，我已然是双腿无力、麻木，手指不住地抽搐，像极了经历“生死”。

美美地演奏

来到比赛现场，看着眼前铮亮的三角钢琴，我莫名地紧张。有了老师、朋友的安慰，我放下悬着的心，沉着地走上舞台，自然、流畅、入情地演奏起来，觉得自己是在轻拨古筝的琴弦，把民乐《春江花月夜》用钢琴完美演绎！优美的曲调勾画出夜晚江畔的独特意境。

曲毕。即是一阵雷鸣似的掌声。

走下台，看见窗外阳光灿烂，透过蓊郁的树叶，越过窗棂，照亮我的心房。

站在高高的领奖台上，捧着第一名的奖杯，那股用言语无法形容的高兴劲和成就感跃然心头。

冬练三九，夏练三伏，我不懈拼搏，用尽洪荒之力，撷取成长之花。在我的琴声里，梦想的种子正在发芽、长叶、开花。与钢琴为伴，这是一段美好、充实的旅程！与钢琴为友，更是一段历练，一种享受！

（发表于《江海晚报》）

那一次，我感慨万千

严哲倪

青春是一场回不去的旅程。

早春微寒的清晨，风在微旋，树在炸花。校园里的梨花开了，和拇指姑娘一般大小，五片薄如蝉翼、嫩白微卷的瓣儿，中间纤细的花蕊捧出一抹鹅黄，那么娇小，应该还是个孩子吧。

我身着校服，手里捧着一条红领巾——亮丽的红色在阳光下熠熠生辉，夺目耀眼，上面喷发出太阳的味道，活力四射，它迎着风轻轻摆动。

站在我身旁的，是一个小女孩，似一朵向日葵，在金色的阳光下绽放笑颜，肉嘟嘟的脸蛋总带着扑扑粉红，眼睛里满是无忧无虑的快乐和无数的好奇，小辫子带着棕色，像小兔子的茸茸尾巴，我忍不住去摸了摸。

操场上响起了音乐，拉着横幅“我成为一名少先队员啦”，我作为这所小学最年长的大姐姐，当然负责为一年级新生佩戴红领巾，随着主持人的宣布，我把红领巾叠整齐，绕过小女孩的脖子，打上漂亮的结。

“姐姐，谢谢你，你可以……可以……”她涨红了脸，羞涩地低下了头。

“怎么了？你说吧，没事儿的。”一向性急的我放慢语速，笑着看她。

“你，你可以系慢一点，教教我吗？”这稚嫩的童声就这样淌过我的心田。

“哦，好呀！”

我轻轻解开红领巾，握着她细小、柔软的手，缓缓地系了起来，面对系红领巾，她显得有些笨拙，打好结了，小女孩微微抬起头，又是一脸的阳光灿烂。

“谢谢你，你真好！”说罢，从口袋里拿出一块橙色的水果糖，“妈妈说不开心的时候吃会变高兴的，开……开心的时候吃就更开心了！”她吃力地说出来，然后抬起头，我喜欢她眼睛里的光亮，真美！我接过这块带着余温的水果糖，感慨万千。

“那你说我现在开心吗？”我笑着问她。

“嗯。”她不停点头，“因为你在笑。”

我摸摸她的头，小女孩转过身，听校长的讲话。

我真想说，天真的孩子，我那是强颜欢笑啊！六年前，我也像你一样天真，接受哥哥姐姐的红领巾，一晃就是六年，我已然成为你心中的姐姐，我不想告诉你六年级的学业多繁重，竞争多残酷，抬头是一块密密麻麻的黑板，低头是做不完的功课，我实在向往一年级的欢声笑语、自由自在，珍惜你梨花般纯真、童趣的年少时光吧！

时光你慢点，等等我的童年。

（发表于《江海晚报》）

心中·《人文苑》

2005级学生余萌希

高考结束后，我开始扎入一片杂乱的书籍讲义海洋，来为我的高中生涯理出一个头绪和做一个总结。

在大堆五花八门的杂志下，居然整齐地码着一叠薄薄的刊物。那是上高中后宋军老师送给我们班的《江海人文》。

我们还是习惯叫它《人文苑》，我们初中的班刊和校刊。

曾经因为每个星期必须挤两篇读后感而不住埋怨，曾经因为那薄如蝉翼的纸张和廉价的油墨印刷而不住无奈，也曾经反反复复读着同一篇文同一段字，安抚着久久不能平静的心，曾经拜读学长学姐曾经的读后感而暗自惊叹……如今所有的感情都只有感激与怀念能概括。我依然记得好多篇震撼我心的文章，它们的题目，作者，核心语句，以及我的感想，记忆之清晰更甚高中的一些课文。

阅读《人文苑》不是一件轻松的事。它有很多板块，每个板块只有一两篇文章，但读完的收获却是沉甸甸的，它带给我思考的空间、自我批判的勇气，这些都最后演变为我更强烈的求知欲和更谦卑的姿态。阿兰·德波顿说，读者总在寻找一种感觉，就是被作者贬低得一无是处的痛快之感。也许正是这种冲击式的阅读，更能让人成熟。回想起以前“爱国”板块的一些文章，今天的我感到它们有些偏激，正是当初阅读的震撼让我长久地记住了那些文字，并不断地咀嚼、反刍，渐渐形成了新的认识，而不是一味地接受与记忆。

也许太轻松的阅读，给不了人成长的空间。

更不得不说的，就是我担任《人文苑》文字校对的糗事了。我终于知道，所谓校对，是多么需要严谨与耐心啊。记得我拿着直尺，逐字逐句地读文章，就像医生执手术刀，解剖得事无巨细，连最后一点阅读的快乐也消耗殆尽，文章已经失去它的意义，变成方块字的堆积……我对所有的校对工作人员抱有极大地崇敬。最最重要的是，把所有错字别字标点语病全改正后，一定要保存！当同学们拿到新一期、未改正的原始版《人文苑》，每一个错误都是对我这个“文字校对”的讽刺与批评啊。不过犯错是成长最好的催化剂，做工作一定不能功亏一篑！

最后要说的也是最由衷的话。我们对《人文苑》的感情更多来自于宋老师。对宋老师的崇敬仿佛酿酒般，随着时间增长而越来越醇浓。宋老师以英语老师的身份，用语文老师般的文字审美、以德育老师般的春风化雨，多少年如一日，维续着《人文苑》的生命力，更使它愈加蓬勃。等我们上了高中，《人文苑》已经更名为《江海人文》，印刷装帧也升级了，变得非常有质感，但那和当初一叠油印的薄纸还有着一样的温度，一样的宽度与厚度。一个老师能把学生教成第一名固然是本领，能教出第一的老师有很多，但能同时如此扑身于学生心理、道德教育，一坚持就是那么多年的老师，又有多少呢？

在哈佛有句话说，教育，就是知识忘光后所剩的东西。那么，应该就像《人文苑》所留给我的东西吧。

（余萌希，2011届江苏省海门中学北大校长实名推荐学生，北京大学新闻与传媒系毕业，美国纽约大学硕士毕业。）

给阿宋的最后一封信

亲爱的阿宋：

我想，你此时一定已经接到了新的班级，并和他们一起生活了些许日子了吧。阿宋，作为唯一一个带了我们三年的老师，我心中有许多话想要对你说。首先吧，恕我直言，你给我们的第一印象的确不咋地，胖乎乎的，又不高，你又是自嘲“其貌不扬”，而且常常很严肃，爱摆架子。如果啊，老师再帅一点，高一点，就那么一缩再一拉长，我们自然是十分听话的，我时常胡思乱想。但是啊，这也强求不得，毕竟身体发肤受之父母，咱们也更改不得。自然，外貌更改不得，内涵你却实实在在的做到了。

你好像天生带着高冷的气质，像是猎猎西北风中的一匹独狼。曾经从小道消息听说，你啊，在能仁里的人缘并不怎么样，我想也是，偌大的校园，细数下来也没有几个像你这样高标准地要求自己的老师吧。我又常常想，如果用花来喻你，那么一定是莲，是菊。莲“出淤泥而不染，濯清涟而不妖”，菊“犹有傲霜枝”。完美切合。你常常跟我们讲，你小时候的梦想是做一个好人，毫无疑问，你做到了，而且到达了一种别人企及不到的境界。可能就有人不理解你，说你迂腐啊，做作啊，这些，你都一笑了之。真可谓“大肚能容容天下难容之事”。

给我记忆犹新的，还是你首创的资本主义，哦不，经济管理学法。不容我说，这套管理方法，真的能调动人民群众的学习热情，我也能想到现在学弟学妹们欢呼雀跃的神情。但是，随着年龄的增长，渐渐地，热情消退了，同时啊，甚至反映出了现实生活的一些弊病——腐败，走后门，徇私舞弊。比如说，可以不劳动就领工资啦，周末结算有黑色收入啦，拍卖位置内定啦，等等。或许你知道，又或许你不知道，但你一如既往地相信同学们，给了我们人世间最珍贵的信任。

这套你的管理制度，一开始我是非常的崇拜，然后可能因为青春期的叛逆吧，又有了质疑与嘲笑，一直到了现在，才理解你真正的苦心。这也是一个学生的成长史吧。小学里懵懵懂懂，对老师有依赖，有崇拜，到了青春期间，又不将老师的叮咛，家长的嘱咐记在心里，而到了离别的时候，蓦然回首，猛然醒悟。曾经也和一帮同学在背地里说你，取“雅号”，从初一毕恭毕敬的宋老师，到初二轻蔑的直呼其名，再到现在的“宋仲基”，无论是哪个绰号，都体现了曲折的心路历程，不管是老师，还是“国民男神”，都丝毫改变不了你是我老师的事实。很遗憾，我并没有什么初一的记忆，从素质报告书上那些不得不亲切的话语来看，我应该是一个调皮捣蛋，俗称“熊孩子”的学生。我也不否认这一点，但是在你眼中微不足道的差遣我干事，我却十分用心地去做，总是希望我这块“金子”能被发现，然而，我并不闪耀，至少，没有别人闪耀。

感谢你，让我认识到自己的不足，也让我懂得了卸下自己的锋芒，有了重新打磨自己的机会。不知不觉，三年转瞬即逝。无论是从 MV 到语言知识点，还是新晋的 Mind - Map，你都与我们一起努力着，一同成长着。回首往事，怅然若失。

还记得那时和你斗智斗勇，当时十分的较真，觉得败给你太没有面子了，但其实现在想想也只是一个学生幼稚的幻想罢了。往事如云烟，现在却一幕幕出现在我的眼前。再也没有趴在办公桌上进行第五次重默的机会了，再也没有了上课前听英文歌曲的自由，后门口从此就再也没有了一双炯炯有神的小眼睛的注视……但我会记得，会一直记得，那个憨憨的，却又严肃认真的老师，那个吹牛自己 3000 米冠军，引体向上连续 100 个大气都不喘的老师，那个希望我们做一个真诚纯正的人的老师……那便是你了，阿宋。

我，只是你几十年教学生涯中普通的一届中的普通的一员，但对我来说，你却是唯一，我人生中唯一的初中生涯里的唯一的英语老师兼班主任。也许以后某个时间，别人提到我的名字，你需要拍拍脑袋——嗯或许还想不起来。但是对我来说，只要有人提起你的名字，我就会条件反射般的脑海中闪出你的模样。虽然我从来都不是一个好学生，虽然我从来没让你骄傲过，但我至少也努力做到不让你失望。我不指望三年后你指着头条喜报对别人说：“这曾是我的学生。”也绝对不会让你指着报纸上的头条 X 某，看到是我而蒙羞。我，只是希望你以后，偶尔有那么个瞬间想起我，迟疑一会，自言自语：“那是我的学生，他，还不错哩。”

就好。

祝身体健康，工作顺利。

一个普通学生

2016 年 9 月 1 日

班主任的心理挫折与防卫

阿 宋

内容提要：本文作者列举并分析了班主任在实际工作中所遇到的四种典型心理冲突，继而提出四种挫折排解方法，并提出四条增强耐挫力的自我激励措施。

在教师队伍中，班主任无疑是最辛苦繁忙的一个群体。学校工作的千丝万缕均需经过班主任组织安排布置到各个个性迥异的学生，并完成督促检查。对上，班主任面临着社会、家长和学校领导的期盼、要求甚至是指责，对下，班主任面对着数十位学生的希望、寄托甚至是挑战。另外，由于社会在进步，时代在发展，家长对学生的希望值不断提高，不断向学校教师施压；学生的信息量不断增加，知识面愈加宽广，难倒老师的情况屡见不鲜；学生自主独立意识不断增强，不"听话"的学生越来越多等等诸多因素，使得班主任承受着沉重的心理压力和情绪负担，身心疲惫，苦不堪言。严重的甚至导致心理疾病，如有强迫症状、焦虑症状、抑郁症状、偏执症状等。新世纪的班主任不仅应具备与时代相适应的政治素质、道德素质和业务素质，还必须重视培养良好的心理素质，这对于培养心理健康、人格健全、具有可持续发展能力的下一代是极其重要的。

一、心理冲突

心理冲突是心理挫折的内部起因，揭示这些心理挫折的内部起因，对于维护班主任的心理健康是非常重要的。班主任在日常教育教学管理过程中既有成功的欢乐，也有失败的烦恼，有个性得以张扬的可能和机会，也为自身的发展带来许多约束和冲突。在新时期，班主任的心理冲突在沿袭传统的基础上更趋隐性化，更富有鲜明的时代特征。

1. 素质教育规律和应试教育现实的冲突

自二十世纪九十年代初提出素质教育至今，素质教育发展日趋成熟，已形成了一套较为完备的理论体系。面向全体学生，让学生的各个方面都得到生动活泼的发展，具备可持续发展能力等素质教育观念已深深扎根于班主任的头脑中。但与此同时，由于教育与收费适当挂钩，择校生愈演愈烈等因素的影响，教育带有很强的功利性。功利教育短时不会消亡，因为学生考分的高低有时意味着家庭成千上万的教育支出，而不少学校也因功利教育而享受着教育的功利。因而，国家要创新人才，而地方要高升学率，家庭要高分。因此，在目前的不少学校中，迫于社会家庭种种压力，素质教育轰轰烈烈，应试教育扎扎实实；喊素质教育时髦，抓应试教育实惠；片面追求升学率，以分划线，以分压人的现象屡见不鲜，学校也染上了近视和弱视的毛病。班主任深知应试教育的危害，深知片面追求考分与升学率给教育事业带来的恶果，深知加班加点，机械重复，以分压学生对学生的潜在不良影响，扪心自问，应试教育抓得越实，负疚感越深；但如果坚持以素质教育的育人规律指导教育教学工作，又担心短期内难见成效，影响个人名誉前途，甚至遭淘汰的结局。长此以往，班主任的心灵和人格就有被扭曲的危险。

2. 教育成就需要与现实不利影响的冲突

有责任心的班主任都有着强烈的成就需要，想通过自己的优质高效、耐心细致的教育工作，把学生个个培养成有理想、有道德、有文化、有纪律的新一代，培养成基础扎实、能力见长、人格健全、具有可持续发展能力的二十一世纪的主人，作为实现自身价值和事业成功的标志。然而理想的实现要受到多种因素的制约。在市场经济条件下，我们的社会环境中存在着不少不利于学生的健康成长的因素。如社会诚信意识的缺失；急功近利，为达目的不择手段；黄赌毒泛滥；网络信息良莠不齐；不少官僚贪污腐败；社会贫富分化严重；因取消就业分配而引发的新“读书无用论”等等。新时期家庭教育中也存在许多新问题。如父母长期在外经商对子女疏于管理；家庭对子女过于溺爱；单亲家庭和离异家庭增多；父母对子女期望值过高，支配型家长较多且带有暴力倾向；过早对孩子丧失信心等等。近几年来，学生在成长过程中也暴露出一些新问题。如基本社会伦理道德的无知；在社会生活中缺少判断是非能力，受黄赌毒影响大或缺少网络文明；意志薄弱耐挫力差，稍遇挫折便想不开，离家出走甚至轻生；胸无大志，盲目优越感强，自私狭隘甚至具有暴力倾向；沉迷于享乐攀比，吃喝玩乐不惜一掷千金；涌现一大批精神萎靡空虚无聊的追星族；自高自大，对家庭教育和学校教育过敏反感，逆反心理特别强，有时甚至动辄以死威胁等等。这些因素使班主任在工作时增加了困难，有时甚至感到教育的苍白无力，而社会家庭学校在对班主任考核评价时却对此类因素考虑甚少，这就与班主任的成就需要形成了冲突。

3. 自然人属性与多样角色期待的冲突

在学校生活中，班主任担当着众多的角色。在讲台上，他们是精通业务的专业教师；在思想政治教育中，他们有时是政治教官有时是兄长朋友，有时是严父慈母有时是心理医生；在班级活动中，他们是班长又是学生，是导演又是演员，是前线指挥又是后勤服务员；在学生日常生活中，他们是家长，是朋友、是医生，是保姆；在与家长社会交往过程中，他们应是家长的老师，是学校家庭的联络员，是应对各类家长及不同反应的公关人物；另外，他们是关键时刻维护学生权益的义务警察，他们是协调各任课老师工作时间和工作关系的协调员等等。这使班主任处于一系列内容广泛的角色期待的焦点上。但班主任是一个自然人，不是万能博士，作为一个仅具备自然属性的凡人，要承担如此众多的角色，又要实现高水平的角色期待，就必然会产生许多不足和失误，产生许多矛盾和冲突，难免在心理上产生挫折感。

4. 公平公正需要与实际评价片面的冲突

班主任工作事无巨细、辛苦忙碌，但是，如果能得到学生和家长、学校和社会的公平公正的评价，那无疑是最大的安慰。事实上班主任一直在感受着外界对于自己的评价，一直在比较着外界对于自己与他人的评价，都有着公平或不公平的内心感受。班主任是教师中的中坚，学识水平高，判断分析能力强。了解班主任工作实情，要做到客观公正地评价每个班主任的工作实绩，满足公平需要并非易事。事实上，不公平现象也时有发生。有些人工作平庸，但能紧密联系领导，能吹能拍，只做表面文章，因此颇受领导赏识；而那些兢兢业业、富有个性、耿直直率的班主任则被冷落一旁。有些人采取粗暴蛮横的打骂体罚手段，使学生长期处于高压恐怖环境之中，因而暂时逼得一些高分和成绩，但却时时得到表扬和好评，被认为是负责任，事业心强；而那些充满爱心、循循善诱、以情感人、以理服人的班主任，因在教育过程中出现正常的教育反复现象而被斥之软弱无能。有些人急功近利，竭泽而渔，杀鸡取卵，往往因所谓的成绩突出，名利双收；而那些按教育规律办事，胸怀远见，立足当前，放眼未来，积蓄后劲的班主任反而因成绩不明显而受批评打击；另外分班时的偶然因素，个别任课教师的失败导致全局皆输，防不胜防的偶发事件使所有功劳付诸东流等等。班主任呼唤理解万岁，公平万岁，但做到公平公正又是那么可望而不可及，这就产生了在评价过程中的心理冲突。

二、挫折排解

排除班主任的心理挫折，不仅是提高班主任工作积极性的需要，也是提高班主任心理健康水平，胜任教书育人的重任，培养素质全面、身心健康的下一代的需要。教师的职业道德要求班主任时时刻刻满怀热情去面对学生，即使胸中满腔怒火，也装得若无其事，强打笑颜。因此排解班主任的心理挫折应当引起各级党组织和领导的重视，但最主要的是依靠班主任的自身力量，提高耐挫、排挫能力。

1. 积极乐观

有人说，欲渡苦海，则以坚强作舟，以乐观作桨。遇到挫折，潇洒一些，洒脱一点，不以物喜，不以己悲。个人的道德素养、能力水平不以他人的褒贬抑扬而变化，也不以自身的得志失意而起伏，它们在时间的流逝中，通过自身的努力，在慢慢地、点点滴滴地凝结、升华。面对困难与挫折，能作出积极反应，这是心理健康的重要标志。另外，要善于发现失败中蕴涵的成功因素，这是在挫折中提高自己的一种新境界，也是迁移受挫心理的一种好办法。分析失败原因，总结得失，力求不绊倒在同一块石头上，还是那句老话：失败是成功之母。

2. 不必苛求

心理挫折是一种主观感受。这与班主任的责任感和耐挫力等因素有关。班主任的事业心和责任感愈强，追求的目标愈高，在遭受挫折时就越容易产生挫折感，或挫折感越深。班主任应该有一定的责任感，有一定的抱负水平，但不宜把自己的抱负水平定得太高，要审事度时，不必苛求自己，坚持量力而行，量力而为。凡事尽力则已，即使失败也无怨无悔。应及时调整追求目标，使成就需要水平符合心理卫生要求，遵循平衡协调、适度节制、正当科学的原则。另外，要勇于承认自己的缺点和错误，力戒刚愎自用，盲目坚持自己的错误观点，无原则地一味硬顶，所谓死要面子活受罪。

3. 适度宣泄

适度宣泄是排解挫折的有效途径，过分压抑和郁积，不仅不能消除挫折感，反而会造成生理功能紊乱，心理功能水平下降，长此以往，甚至形成心理疾病。班主任不能在学生面前过分宣泄情绪，但可以向学生倾诉自己的想法、要求、希望，也可以适当地讲讲自己的失望、烦恼或痛苦，以取得学生的理解、支持、配合、关爱；也可以对领导、同事、知心朋友、爱人敞开心扉，倾吐烦恼，说明情况，心情就会顿感舒畅。同时要提高对情绪刺激的容忍度，要心胸开阔，论事不论人，大事讲原则，小事讲风格，待人处事从大处着眼，小事不必斤斤计较，以减少不必要的烦恼。另外，可以暂时避开产生不良情绪的人和事，做一些其他有益的事。

4. 自信自强

班主任必须有主见，有个性，有自己的教育思想和理念，在原则面前不动摇，不妥协。不唯上要唯实，要自信自强，必须服从素质教育规律和学生身心发展规律，要对学生的终身健康与发展负责。不能盲目自卑，无原则地服从领导的金科玉律，一味迎合家长的需要，要耐心做好家长的思想教育工作，以最终取得家长的理解、支持和配合。必须坚信自己在教育方面的真知灼见必将获得学生和家长的赞同和鼓励。班主任必须确立高层次的教育教学目标，把自己提升到一个教育家的高度，无私而无畏。

三、自我激励

如果说挫折排解是治疗，那么自我激励是预防。治疗为辅，预防为主。班主任要善于通过信念激励、目标激励、道德激励、榜样激励等自我激励方式形成理性化的精神优势，提高心理健康水平，提高自身的耐挫力，不畏艰难险阻，勇往直前。

1. 信念激励

信念是一种重要的心理品质，也是班主任的精神优势。班主任必须确立这样的信念：代表最广大学生的利益，面向全体学生，以素质教育理念为指导，从实际出发，为学生服务。这种精神优势是班主任创造性工作的力量源泉，有了这种理性化的精神优势，就会对自己所从事的教育事业充满必胜的信心，在心理上产生一种强大的亢奋力量，就能克服前进道路上的一切艰难险阻，无畏无惧，全身心投入教育事业。

2. 目标激励

目标是人们行动的先导，对行为具有导向作用。目标是实现理想的指路明灯，它能使班主任的心理活动始终处于一种积极的兴奋状态，并维系在较高的发展水平，班主任一旦通过自己的不懈追求渐渐接近或达到目标时，所有的失落、烦恼或痛苦都将烟消云散。目标的层次有高低之分，有人满足于当一名教书匠，有人把它作为养家糊口的职业，有人视为获取功利的通途等等。班主任必须确立终身成为教育家的最高目标，并将此理想化解成若干小目标。比如说，每年学习一本教育著作，订上两本杂志，研究三个个案，写好四篇文章；由外而内地重塑班主任新形象，变近视眼镜加中山装为西装革履，变老实巴交为精明能干，变阿姨保姆型为导演教练型，变加班加点苦干累干为讲究效率追求效益，变经验型教书匠为科研型教育家等等。目标的实现过程是克服各种矛盾和心理障碍的过程，也是不断提高班主任心理健康水平的过程。

3. 道德激励

一个具有高尚道德情感的人，就能经受得住挫折的磨砺。班主任的道德素养具有极强的示范型，时时处处事事为学生所仿效，正所谓学高为师，身正为范。因此，班主任必须努力提高道德水平，坚持以为人民服务为核心，以集体主义为原则，以爱祖国、爱人民、爱劳动、爱科学、爱社会主义为基本要求，以社会公德、职业道德、家庭美德为着力点。必须避免这样的误区：重视班主任师德修养，但忽视了社会公德和家庭美德要求，认为这是个人要求或私事，与工作关系不大。职业道德如果没有社会公德和家庭美德为基础，是空洞的，甚至是虚伪的，是无法担当育人重任的。另外，道德高尚的班主任往往志向高远、胸怀坦荡、公正无私，从客观上起到防微杜渐的作用，大大降低了失误率，有时即使有错误，也往往容易得到他人的谅解。

4. *榜样激励*

榜样的力量是无穷的，榜样对个体的心理具有鼓舞和鞭策作用。在中外教育历史长河中，一大批教育家如日月星辰，发出绚丽夺目的光辉。如夸美纽斯、加里宁、苏霍姆林斯基、陶行知、魏书生等。学习他们扎根基层、面向全体、尊重信任并巧妙转化后进生的实干精神；学习他们循循善诱、辛勤耕耘、为民育才的园丁精神；学习他们孜孜不倦、百折不挠、不断探索教育真理的科学精神等。同时在我们身边也有着一大批尊重科学、勇于实践、不计名利、默默奉献的班主任，他们可亲、可敬、可信、可学，他们精湛的教育技艺和高尚的师德情操理应成为教育事业的共同财富。

参考文献：

汤锡忠著：《这样办好初级中学》，华东理工大学出版社

《公民道德建设纲要》

（本文获2002年度江苏省教科所“师陶杯”教育论文评比一等奖）

对德育的三个新的反思

阿　宋

内容提要：本文作者列举了当今德育工作中所存在的问题，继而从全新的角度进行了三个反思，以期抛砖引玉，引起教育工作者对德育的关注、思考和改革。

心理学家认为：人碰到问题时，反思的行为就会产生，一般情况下，这种反思是一种直觉的反应，但在某种特定情境中，这种反思行为却是对问题的一种初探，而不仅仅是是一种简单的直觉反应，这就意味着有可能找到更好、更有效的解决问题的办法。反思的辨证原理在于：无为而不知，不知而无为，有为才有知。

在“科技至上”、“经济至上”、“消费至上”的驱使下，人成为自己所创造物质的奴隶，由于道德的短缺与失落，全球正面临着犯罪率上升且青少年比重增

大、毒品泛滥、环境恶化日趋严重等严重的国际性社会问题。我国德育状况更是不容乐观，见诸报端的事件层出不穷，有浙江金华的徐力弑母事件；名校学子刘海洋浓硫酸泼熊事件；日本电视台报道在 2001 年每天有 25 个中国人因犯罪被日本警方拘捕；2001 年年底，一名 14 岁的男孩残忍地将同学的妹妹杀害，只因为“到她家玩时，她对自己表示出不喜欢”；2002 年 4 月间，甘肃景泰县一初二学生由于母亲管教严厉，竟然约了两个同学用铁丝将母亲活活勒死；2002 年 6 月 16 日凌晨，北京两名中学生纵火烧毁“蓝极速”网吧，导致 25 人死亡 12 人受伤，起因仅仅是与网吧服务员发生纠纷……随着信息量的增大，国人屡屡从中国人与“洋人”的比较中自叹不如。在国外航空港登机时秩序井然除了挤作一团的是飞往中国的航班外；天安门升国旗后的满地狼藉与日本几万人的体育场在比赛后无一点垃圾留下的对比；“泰坦尼克号”沉没时妇女儿童先行逃离与克拉玛依火灾时“让领导先走”的呼喊而形成的对比等等。更让人震惊的是国家执法机关知法犯法，滥用权力，多次炮制了“处女卖淫”的闹剧，滥施淫威导致无辜百姓非正常死亡，“虎豹”横行于大连监狱使监狱成了“天堂”等。一些高级领导干部锒铛入狱，其中不乏法院院长、公安局局长，甚至检察院院长和反贪局局长等。德育危机已成了全社会的问题。

再来看看我们的学校德育。由于教育发展无法满足社会对教育的需求，择校生愈演愈烈，功利教育发展迅猛，学生生源、学校财源、师资队伍和教育质量形成一个循环的圆圈。不少学校领导挖空心思找亮点，比质量。所谓的质量就是几个分数，几个率。当然这也是学校迫于社会的压力，是生存的需要。许多学校的实际情况是：德育由于其实效隐性而削减了吸引力，充其量不过是为智育保驾护航。德育在学校中处于可有可无的状况，往往是“说起来重要，做起来次要，忙起来不要”。德育为智育、升学让路的弊病始终不能彻底根除。因而也导致德育工作者自身缺乏信心与良策，感到困惑；德育与社会氛围、家庭环境有逆差，教育不易与学生心理合拍，学生对德育不感兴趣，政治课难于触动学生思想实际。面对全社会的道德危机和学校德育教育的现状，我们有必要反思一下我们的德育教育。因为今天的成人社会的问题有一部分反映出我们昨天的学校德育教育存在问题，今天的学校德育教育则关系着明天的成人社会的道德问题。

反思之一：文化缺失何时补？

我们常常把德育分成政治教育、思想教育、道德教育和个性心理教育。但我们对学生缺少东西方文化或者说人类先进文化的系统教育。因而使我们的学生缺少深厚的文化底蕴，价值观、世界观模糊，可持续发展能力差，进而影响到了学科教育。文化缺失已成为一个社会问题，引起一些专家学者的关注。中共中央党校教授王海光在2003年5月29日《文学报》上撰文指出：现在经济改革确实到了两难境地，但仅仅祈望政治体制改革也不现实。许多问题政治体制改革也不能解决。因为我们现在缺乏一种文化的东西。需要文化的养成并改变人们的价值观念，这比经济生活层面、政治生活层面、制度层面更带有根本性。我们对于西方的文化启蒙始于近代的新文化运动，但对于旧文化的改造很有限，后来由于受外族入侵的原因出现停滞。“文化大革命”彻底抛弃了传统的儒家文化，更不可能学习西方文化，试图改造人们的思想观念，建设社会主义新文化，事实证明是不现实的，也是失败的。“文化大革命”所导致的思想混乱影响深远。今天，“人本”、“人文”、“人道主义”等词汇成为热点时，意味着我们对西方文化精髓的合理吸收正在开始。在图书市场上“四书五经”热版热销意味着我们对传统文化的返朴归真的无限追求。是啊，人类文明已进入网络时代，太空时代，但哲学与文化却似乎始终难有突破。对于东西方文化的态度，著名科学家钱三强的一段话极有见地：西方文化，就是一个民主、平等……现在已经进入20世纪90年代，应该承认仍然有一定的道理。因为它反映了人的自然天性，具有不可忽视的科学性……东方文化，从孔子算起，就提倡“修身、齐家、治国、平天下”。现在的社会主义，强调国家、民族、社会，强调集体主义、献身精神。关于个人的权利，个人的物质享受，相对来说就比较模糊……总之，东西方文化，应当说各有优劣。应该来个互补。这样的思想和实践何时能体现在我们的德育教育中呢？笔者以为文化教育是德育教育的基石，文化缺失使我们的德育教育成了无本之源，空泛、苍白而无力。德育教育该补一补“文化课”了。

反思之二：我们用什么对学生进行德育教育？

基督教有《圣经》，佛教有《金刚经》和《坛经》等，伊斯兰教有《古兰经》，孔子的教育思想一本《论语》涵盖之，我们进行社会主义德育教育的“经书”是什么？在近代中国，志士仁人提出了四个救国口号：教育救国、科技救国、道德救国、宗教救国。近观当今中国，“科教兴国”和“以德治国”的方略涵盖前三个口号，但我国缺少像西方社会那样的宗教统一。在西方社会的发展进程中，宗教所起的作用不可忽视。但我们并非要搞一个或搬来一个什么教。我们能否完善我们的社会主义德育教育教育体系，以人性为本，中西并济，重视对人的终极关怀，消除人们思想感情的荒漠化。反思我们的德育教育内容的不足之处有三：假、大、空。解放初期，我们的所有教育思想、体制和内容均主要仿照前苏联，包括德育在内。“文革”十年是扼杀人性，“假、大、空”猖獗的十年，其在意识形态领域所造成的混乱和消极影响无法用语言描述。十一届三中全会后，我们的德育教育有了新的尝试，改革和充实，但学科教育发展迅速，德育教育则有些失误甚至是混乱。小平同志早就一针见血地指出过：十年的失误在于教育，两手都要硬。长期以来，我们把德育等同于政治教育，没有以人性为根基，甚至有时对抗人性，其结果不是特别理想。对人性的尊重理解和回归提倡是近几年的事情，也是社会文明发展的必然，更是一个大的进步。但我们的社会主义德育教育教育体系和内容很不够，能不能向宗教学习呢？如果我们深入思考一下宗教对人们的巨大影响就应该发现，宗教所包含的不仅仅是“欺骗”，它的影响力在于它是以人性为基础，有着完善的哲学与道德体系，积累并吸收了几千年的人类文明与文化，有一大批独立的有思考力的精英人物（传道士、教会人员等）继承传播和发扬光大。社会德育危机呼唤着有中国特色社会主义的完备社会主义德育教育教育体系和内容。教育和培养青少年具有社会主义道德品质，进而具有共产主义道德品质，确立共产主义信仰是我们德育工作重中之重，但我们对社会主义、社会主义道德品质、共产主义道德品质和共产主义信仰的定义、内涵和外延又了解多少呢？从本质上说，这些理论如何以浅显、完备、信服的形式呈现在学生前面这个问题还没有解决。笔者曾认真学习了前中国人民大学副校长孙泱的著作《共产主义道德品质讲话》，虽对于共产主义道德品质的基础、原则、规范和内涵等有了一定的了解，但也发现以此来教育我们的学生还远远不够。我们应该和能够用什么内容对我们的学生进行德育教育？另外，从美国伊拉克战争后的扑克牌通缉令，从美国将训练士兵用的《作战条例》设计成小人书和用微软游戏软件来训练海军飞行员等例子中，我们应该用什么形式对我们的学生进行德育教育？在这物欲横流的功利社会，我们中有多少人思考这个问题？我们的教育工作者已经做了多少，我们又将能做什么能做多少呢？

反思之三：言教身教能否统一？

任何一个德育教育工作者都明白：言教不如身教；德高为师，身正为范。学生的向师性决定了教师身教的重要性。但我们的教师的道德状况如何呢？一言以蔽之，不容乐观。这里的问题可分为四类。第一类，绝少数人像程世俊之类的道德败坏的犯罪分子。他们是披着人皮的狼，对学生施以毒手，对学生身心所造成伤害是无法想象的，对教师队伍所造成的负面影响是无法估量的。学校和教育工作者必须时刻高度警惕，擦亮眼睛，将他们揪出来绳之以法。第二类，教师本身并不是道德败坏之流，但他们有严重的心理问题，如有强迫症状、焦虑症状、抑郁症状、偏执症状等。这类教师对学生的伤害也不可低估，见诸报端的种种事件背后都有一个有严重的心理问题的教师，否则就不会有叫学生轮番打耳光的教师，就不会有在学生脸上刺字的教师等等。第三类教师，他们不能忍受教师清贫的生活，对于社会上出现的暴富阶层心理完全失去平衡，导致唯利是图，向学生伸手，索要吃拿，无所不有，否则恶语相加，冷淡学生，已经完全失去了教师的职业道德。第四类教师，他们不存在上述问题，他们工作也兢兢业业，但身上沾上了社会流毒，身上小问题不少，即使隐藏得很深，也迟早会暴露在学生面前，动摇学生的是非信念，影响了我们的德育实效。以上四类教师对我们的德育工作所产生的负面影响不可低估，这四类教师总和在教师群体中的占比不小，应该引起学校领导和教师的重视和深思，并采取强有力的措施解决之。

参考文献：

程建平：《德育渊源论》，《班主任之友》2002 年第 2 期

张万洋：《青少年情感荒漠化亟待根治》，《班主任之友》2003 年第 2 期

春江：《钱三强的最后一次谈话》，《学习时报》2003 年 6 月 23 日

孙泱：《共产主义道德品质讲话》，中国青年出版社，1980

（本文被评为江苏省教科所 2003 年“师陶杯”论文评比一等奖）

我的德育认识和实践

——写在《人文苑》20 期之际

宋　军

一年前，笔者写了《对德育的三个新的反思》，获江苏省 2003 年度“师陶杯”教育教学论文一等奖。在文中我提出了三个问题：人文精神何时补？我们的“经书”是什么？言教、身教何时统一？我不能不说我在很大程度上受了宗教的影响，为了解中国传统文化和西方文化，在过去的两年里，我研读了《金刚经》、《坛经》、《圣经》等经典经书。读后，我不禁为这些经书的完整的理论体系所折服，为经书中人性化的唯美思想和超凡脱俗精神追求所折服。据了解，世界上信教人数占总人口的三分之一，也就是说宗教影响了世界三分之一人口的思想。反思宗教其成功的原因我个人认为有三点：有一本涵盖其完整教义而又短小而通俗易懂的经书；其教义以人性为根基，尤其是《圣经》，充分体现了西方人文精神；有一批传教士身体力行言传身教。我们的德育从某种意义上来说也是影响人的思想的教育，它是否应该从宗教上学习什么。我们的德育与宗教相比，德育教育内容有“假、大、空”的嫌疑，缺少以人性为根基的人文精神的熏陶；没有一本有

系统体系有完整教育内涵的德育教育的“经书”，德育教材凌乱，东一点、西一点，似乎都是经典教材，随着时间的推移不断堆砌；我们可以把德育工作者比作“传道士”，但我们这些传道士没有系统的德育教育的培训，缺少理论素养，言教与身教尚未统一。也难怪我们的德育效率低下，德育难见成效。

以这样的思想认识为背景支撑，我于2003年9月开始了德育教育的一些粗浅尝试，实际上也就是回答了我曾经提出的三个问题。作为班主任，我在我们班上开设班刊《人文苑》，我把它视作我班德育教育的“经书”。起名为“人文苑”，其寓意是以此作为对学生进行人文教育的载体。《人文苑》的副标题是“心灵的唤醒与对话”，体现了我理想中的德育教育思想。我个人认为德育教育来不得半点强制的，它应该是师生之间、生生之间的内心的对话，它应该是人性中的善的点燃和温柔一角的唤醒，那是“润物细无声”的潜移默化的影响，那是学生内心深处的共鸣与折服。我认为德育教育用“教育”、“教导”、“引导”等词汇都是粗糙的，因而是效率低下的。你能保证你能“教育”、“教导”、“引导”你的教育对象的心灵吗？我甚至很鄙视那种自以为是的压服式教育方式，而那种走过场、运动式的德育教育其效果也不敢恭维。那种表演式的德育教育模式更是令人感到可笑，比如让学生表演一个小品“曾子杀猪”来进行诚信教育，大家一笑了之，受到了多少教育呢？让学生闭卷考核“诚信”试卷，做一些填空题、判断题、选择题，增加了多少诚信度呢？这就是典型的“空对空”德育教育模式。而对于《人文苑》的内容，我则坚持精益求精，设置了以下板块：“悲悯”，“宽容”，“亲情”，“智慧”，“奋斗”，“坚强”，“爱国”，“助人”，“诚信”，“环保”，“哲理”等。每个板块精选各类报刊杂志上的精品美文，力求每篇文章或发人深省、或催人泪下、或催人奋进、或启迪人生等等。《人文苑》每两周出刊一期，每期精选六个板块，每个板块选一篇文章，每篇文章后精编两道“内省题”，作为激发学生深刻反思的“导火索”，起“唤醒”的功能。

在第4期我精选以下一篇文章：

《由自己做起》周春

下面是一位安葬于西敏寺的英国主教的墓志铭：

我年少时，意气风发；踌躇满志，当时曾梦想要改变世界，但当我年事渐长，阅历增多，我发觉自己无力改变世界，于是缩小了范围，决定先改变我的国家。

但这个目标还是太大了。接着，我步入了中年，无奈之余，我将试图改变的对象锁定在最亲密的家人身上。但天不遂人愿，他们个个还是保持原样。

当我垂垂老矣，我终于顿悟了一件事：我应该先改变由己，用以身作则的方式影响他人。

若我能先当家人的榜样，也许下一步就能改善我的国家，再后来，我甚至可能改造整个世界，谁知道呢？（摘自《年轻人》）

内省一：你是否一直想改变别的什么？

内省二：你是否想改变自己？

比如在第 14 期，我精选了以下一篇文章：

《成人之道》（李英杰摘）

“真正的美德如河流，愈深愈无声。”——哈利法克斯

第一次登陆月球的太空人其实共有两位，除了大家所熟知的阿姆斯特朗外，还有一位是奥尔德林。当时阿姆斯特朗说过一句话：“我个人的一小步，是全人类的一大步。”这早已是全世界家喻户晓的名言。在庆祝登陆月球成功的记者会上，一个记者突然问了奥尔德林一个很特别的问题：“阿姆斯特朗先下去，成为登陆月球的第一个人，你会不会觉得有点遗憾？”

在全场有点尴尬的注视下，奥尔德林很有风度地问答：“各位，千万别忘了，回到地球时，我可是最先出太空舱的。”他环顾四周笑着说，“所以我是由别的星球来到地球的第一个人。”大家在笑声中，都给予他最热烈的掌声。

默想——成功不必在我，团队的成功就是我的成功，你会不会欣赏同事的成就呢？你是否愿意从心里给别人以热烈的掌声？

“成人之美”不但是一种修养，更是一种美德。（摘自《海外文摘》2000 年第 7 期）

内省一：你对奥尔德林的回答有何评价？

内省二：你如何看待同学的进步和领先？

当然，对于第三个“言教与身教何时统一”的问题，我则一直坚持着自己的思想原则，班级管理坚持“公平、公正、公开”，时时处处严格要求自己，不对学生撒谎，德高为师、身正为范，言教与身教统一，即使有时自己身上发生错误，也必定向学生解释或说明，求得学生的理解和宽容。

创办《人文苑》至今已近一年，我不敢说《人文苑》对我班学生有多大看得见的教育作用，但我始终认为德育教育的效果的体现是滞后的，不像学习成绩那样立竿见影，因而我始终抱有信心，尽管这条道路是孤寂的。学生和学生家长的反馈也给了我很大的心理支持。班级里一些做教师的家长对《人文苑》推崇备至，每每遇到我总是和我讨论一些相关问题，有些家长甚至说《人文苑》成了他们家中的必读刊物，有些家长把《人文苑》带到同事那儿传阅，作为对同事孩子的教育资料。而学生的反应更是让我不能忘怀。

我班学生施辰在周记中写道：“我首先阅读了这篇《shep 的故事》。读罢，一种酸涩的感觉涌遍了全身，我终于明白了好文章的巨大魔力。”

学生汤苏灵在周记中写道："读完《心中有爱》，我早已泪流满面，周越，一个即将谢幕的幼小生命，让我如此动容，让我庄严地向她致敬。一个幼小而又脆弱的生命竟蕴藏如此巨大的精神力量，她那种对生命的渴望，对医疗事业的敬重，让每个人都深深震撼！她想看海，看礁石，看小螃蟹，其实就是突出了她对美丽、短暂生命的留恋。即使她平静闭上了眼，我也会记住她的精神、美丽，永远，永远……"

祁俊杰同学写道：

"快一年了，《人文苑》已连续出版16期，在班刊中，我受益匪浅。从第1期的出版到第16期的出版，里面的选材不断出新。里面有许多学习方法的，父爱母爱教育的，军事的，国家大事的。可以说里面是知识的宝库。更重要的是使我们的心灵得到浇灌，每期都是那么使我们感动。里面的每一篇文章，可以说都是美文，是我们平时学习，读报难得一见的好文章。我曾经买过《读者》这本杂志，里面也有些美文，但范围比较有限，再看看《人文苑》更是比《读者》好。在《人文苑》的扉页最上面写着'心灵的对话与唤醒'这是多么有意味啊。《人文苑》比起其它文摘来，最大的区别就是每篇文章后面的结尾，都有两个小问，这也正是我喜欢它的原因。"

学生施琳颖写道：

"夜深了，马路上少了嘈杂的车辆声，对面的楼层中已无一家的灯亮着。我毫无半点睡意，随手打开抽屉，里面一本本《人文苑》已被我按着顺序一册册摆放着，看着它们，思绪已是兴奋得'语无伦次'。

'它是我自己由书上摘抄下来的好文章，这里饱含着一个个深刻的道理，睡前，看一会儿，如果用心去读会让你泪流满面。'一个深沉却又熟悉的声音在脑中回响。立刻，我想起第一次读它的情况。我静下心来去读它却始终未流出眼泪，出于无聊，我又一次翻开它，翻翻过去那些蕴含道理的故事，不觉泪流满面，而且对于文章我又有进一步的了解和理解，让我感慨万分，难道说这就是老师们说的情景吗？

我不知道，但此刻，我真正理解了《人文苑》，将理解之洞挖得又深又大，寻找更奇妙的真谛。

老师，感谢这薄薄几张纸，让我重温了过去的道理。"

《人文苑》创刊至今已经出了20期了，也许他人会对此嗤之以鼻，但我则坚守着自己的心篱，我不求什么，只是想做一些自己喜欢做的事，自己认为有一点意义的事，姑且把它视为业余爱好吧。

（本文获江苏省2004年"师陶杯"优秀论文评比二等奖）

寓亲情教育于美文赏析

何谓亲情？亲情一般指亲人间的感情。由于父母与子女的特殊关系，他们是亲情的最大拥有者。亲情是人世间最真切最朴素最珍贵的感情，亲情是情感世界的美好玫瑰，亲情是教育的源泉和支持。从乞丐到总统，从达官贵人到平民百姓，都是须臾不可少的精神财富，对成长、生活有难以替代的滋润和营养，就是灵性不高的动物也有这种本能。然而，当前中学生的亲情现状又如何呢？

严峻的现实：亲情缺失

随着互联网的普及和经济的发展，钢筋水泥的“丛林”使孩子的交往越来越狭隘、有限。外面世界的空间越来越大，孩子心灵的空间越来越小，再加上成人“冷漠文化”的影响，涉世不深的孩子们会不知不觉养成淡漠、冷酷甚至残忍的心病。尤其是近年来，在西方价值观的影响下，一些家庭和青少年中出现了亲情淡化倾向：家庭中，两代人在人生观和价值观方面的分歧越来越多，两代人之间存在着一条深深的代沟：不少家庭缺乏心灵的沟通和情感的互动。家庭人际关系疏远、情感淡漠；家庭虐待时有发生，家庭暴力日趋严重。精神暴力也成为扼杀亲情的冷杀手，这种心灵的折磨往往对亲情的打击更为残酷，影响下一代的身心健康，破坏家庭幸福和安宁，影响社会的稳定和发展。广东金山中学的一份调查表明，有近七成高中学生与家庭成员间的“亲情淡化”，有约八成的中学生家长感觉与孩子存在“距离和隔膜”，有时甚至无从沟通。他们总喜欢独自在小房间里上网，与不懂“网络”的父母越来越谈不拢。亲情缺失的事例更是举不胜举。据北京晚报报道，北京市16岁少年赵平（化名）残忍地用菜刀杀死了自己的生身母亲，确定母亲死后，赵平如释重负地脱掉血衣，冲了个澡，换上干净衣服，跑到网吧尽情地享受“自由”。2004年11月21日新民晚报报道，上海的女孩把她母亲的名字写在一个小人上，每天用针刺扎。原来章女士剥夺了自己女儿的所有时间，变着戏法给孩子加学习“营养”。孩子反抗过，最终还是沉默了，最后用这种偏激和愤怒表示反抗。

家庭是社会的细胞。亲情是维系家庭的纽带，又是社会人际交往的基础。如果亲情这一纽带松弛了，折断了，势必瓦解社会的人性基础，阻碍社会的健康发展。试想，一个学生如果对自己的父母都不能够感恩的话，又怎么能对我们的国家，对社会感恩呢？如果连自己的父母都不爱，又怎么能对我们的国家、社会和他人有爱心呢？另据心理专家指出，"情感失落"容易引发中学生青春期自闭症、青春期孤独症等心理疾病，严重者会引发精神疾病，影响学生的身心健康发育。某校一位高一学生入学不久便暗暗喜欢上一位同班女孩，可其家里父母管教一向严厉，他既不敢向父母袒露心迹，又怕同学瞧不起，痛苦不堪，以致成绩直线下降，成天神情恍惚。由此可以看出，时代呼唤亲情教育。

急需的对策：亲情教育

坚持以人为本的科学发展观的战略举措，它的落脚点是促进经济社会和人的全面发展，必须用先进科学的思想道德塑造人的灵魂。和谐家庭是和谐社会的基础，而温馨的亲情则是和谐家庭的源泉。在加强未成年人的道德建设中，亲情教育是重要一环。我们不能因为亲情淡化必然出现就任其发展，而应该以积极的态度对其负面影响加以消除，这不仅是社会发展的需要，也是人类全面发展的需要。在加强和改进未成年人思想道德建设的工作中，亲情教育是不可忽视的重要一环。

我们要把以人为本的亲情教育融进未成年人思想道德建设的总体工程，在以下几方面切实抓紧抓好：提倡尊重生命、关爱生命的人权理念，发扬尚人伦、重亲情的民族传统，不断提升民族素质的道德保障；建立家庭、学校和社会联合的教育网络，营造一种"人人为我，我为人人"，彼此相亲相爱的社会氛围，构建以人为本的现代亲情关系。和谐、充满温情的家庭也是学生身心健康的首要条件。亲情教育首先就富有浓厚的家庭色彩，它对道德行为养成只有相互模仿、暗示、感染和导向功能。单纯由外向内的"训练"达不到理想的德育效果，在德育实施过程中，以"情"发端，使受教育者置身于充满爱的愉悦氛围，受到情感的潜移默化，则可有效地促进知、情、意、行的和谐、连动发展。时代发展到今天，父母的观念固然与孩子有矛盾，但这不是他们的错，有社会这个大环境的因素。当前学校是不是应该反思？亲情的教育需要学校提供平台，也是能通过一些教育手段和方法实现的。亲情教育应该从娃娃开始抓起，中学阶段更是亲情教育的重要阶段。如果等到孩子上大学时才补亲情教育这一课，显然是教育脱节和缺位的表现。按照亲情教育的观点，教师不是训导者，而是以自身的高尚道德情感去感染学生，以潜移默化的亲情教育激发点燃学生心中温柔的一角，这是一种高尚的

"教育爱"，是在本质上对受教育者付出的真情关怀和爱心。处于亲情教育环境中的学生，受到教师亲情的感染和定向陶冶，可以直观地感受到思想品德和行为习惯的真善美，感受到人间的真情和爱心。"亲其师，方信其道"，中学生具有强烈的情感需求，容易动感情，也很重感情。

理疗的良方：美文赏析

阅读，是让人发现世界的重要方式，也是让人的心灵得到净化的重要途径。读一篇美文、一本好书，常常让人眼目清亮、心旷神怡。美文赏析能使学生开启心智，净化灵魂，陶冶情操。优秀经典的美文，不仅文字隽永，朗朗上口，还蕴涵着巨大的精神力量，给人以激励和鼓舞。这正是美文教育早已被广大教育者所推崇的内因。自 2003 年 9 月始，面对天真可爱而又略显冷漠的学生，笔者用以美储善的方法，精心挑选以亲情教育为主题而又适宜他们心理发展的好文章，每周一文，营造亲情美的氛围。许多美文包含了作者对亲情的独特体验。折射出汹涌如海的母爱，沉默如山的父爱，手足情深的兄弟姐妹情等。这种体验常常是丰富而深刻的，特别容易打动人心，使人获得极大的心理满足。

近几年来笔者精选的美文如下：

《崔琦的眼泪》李红；《感恩》阿进；《爸爸，你是我永远的大学》华山；《父亲和……》佚名；《野骆驼》［美］欧·莫里夫；《终生愧对的一跳》念念；《陪父亲逛逛》张春；《下辈子我做你妈妈》胭脂；《父亲的眼泪》易水寒；《父亲的挑担》佚名；《母爱》王祥夫；《拐弯处的回头》陈果；《当爱的人渐渐老去》郑艳；《天凉了，谁提醒我添件衣服》古禾；《母亲的功勋》［西班牙］狄森塔；《伤心的布棉鞋》杨宏业；《"二十四孝"的现代解读》张耀南；《送给妈妈一副反手套》荣星；《亲切的悲哀》马国福；《陪父母出去走走》梁红芳；《父亲，下一个困难结让我替您挽》口述/李安虎采访/杨延贵；《母爱无言》鹏鹏；《父爱安全网》石涧竹；《三道考题》张拓；《奇迹的名字叫父亲》叶倾城；《父亲啊，您何时再听儿一声责备》柴建业；《母爱是世界上无与伦比的名牌》郭英等。

在日积月累中，笔者带领学生体验主人公的积极情绪、理性情感，激起学生内心的情感共鸣。美文赏析不仅能消除他们无聊、寂寞、自我、冲动等不良心态，还可以使他们胸怀开阔，力量倍增，陶冶情操。篇篇美文，带领学生走进亲情世界，走进心灵，倾听心灵的跳动；走进情感，感觉情感的炽热；走近尊严，体验尊严的高尚；走进宽容，体会宽容的博大……美文赏析使学生在欣赏文字优美内涵深刻的文章的怡然中，升华了情感，陶冶了情操，从而收到润物细无声的效果。实践使笔者深深体会到：美文教育不仅仅是一种教育方法，更是一种教育思想。

理想的结局：点燃亲情

篇篇思想深刻的美文极大地震撼了学生的心灵，点燃了学生心灵深处温柔的一角，使炽热的亲情在学生的心田自然迸发。首先让我们来欣赏学生们的亲情周记吧。

郭海乐同学在《读〈感恩〉有感》中写道：

“当我们落地的那一刹那，我们就有了生命，是我们的父母给予我们宝贵的生命，无论他们是否富裕，是否健康，他们永远是我们心目中最伟大的人。

文中的主人公赖东进是个极不幸的小男孩，一生下来就与白骨相伴，长大后以讨饭为生，没享受过一天的幸福，但他却不怨任何人，反而感谢他的父母给了他强健的体魄，他照顾他的父母及弟妹心甘情愿，没有任何怨恨，相反他很爱他的父母及其弟妹。等到他成材之后，他还是跪着给他父母喂饭。他是我们生活中的好榜样，是孝子中的典型代表！

我记得一位哲人说过，父母不是用来选择的，而是用来爱的。我相信赖东进早就理解这句话了。”

倪紫薇同学在《〈拐弯处的回头〉的读后感》中写道：

“我们都会唱‘世上只有妈妈好’，在我读完本文我不禁想起改编一下这首传唱多时的老歌：

‘世上只有爸爸好’。

如果说妈妈的爱是无微不至的，那爸爸的爱是深沉的，爸爸的爱总是藏在内心深处，不易被发现。

文中父亲在儿子受伤时，表现出来的是漠不关心，但是他心中的焦急是无法形容的。所以在拐弯处他回头了。一个回头，一个不经意的动作，饱含了父爱。不用说小男孩，我也感动了，小男孩哭了，我也哭了。一直以来，我认为父亲是冷淡的，他们不懂得关心，但是今天我懂了，父爱默默无闻，父爱的伟大，是无法语言来形容的。”

黄菲菲同学在《读〈拐弯处的回头〉有感》中写道：

“读完这篇文章，我从内心深处体会到了博大的父爱。

在我们身边，也许父爱很难被察觉到，我也总是感觉到父亲好像总是不怎么关心我似的，其实我这样想是错的，父亲只是不善于表达罢了，他其实是爱我的。这使我不由得想到了前几天同学对我说的话，每次看见你爸爸时，他总是对你一笑，你爸爸真好！对啊，我怎么没察觉到呢？每当我遇到困难时，或害怕时，我爸爸总会对我一笑，而我却总是不在意，因为这笑容实在是太多了。现在，我也找到了父亲对我的表达方式——笑。”

施辰同学在《读〈天凉了，谁提醒我添件衣服〉有感》中写道：

“《天凉了，谁提醒我添件衣服》一文语言直白如话，但文中处处洋溢温情。看题目便知这是一篇抒写亲情的文章。全文不着一个华丽的词语，读后却令人倍感温情，究其原因，实乃亲情之力。对于这类文章，我读过不少，但每次读，纵使最终抒发的感情均一致，即赞颂亲情，总不觉得冗杂，总有新的感受。其实我们现在许多人都在享受着亲情的阳光，可似乎我们也都如文章中的‘我’一样，出门在外倍感孤独之时才想到从前亲情的温暖。何必呢？身在福中不知福毕竟是个贬义词！要知道，朋友，亲情无价！”

陈舒娅同学在《这个奇迹的名字应该叫父爱》一文中写道：

“人们往往以为母爱是最伟大无私的，可是又有多少人想到父爱也是伟大无私的呢？

母爱通常会表露出来，父爱却是在无形中体现出来的。就像这位被刀子扎了一刀的父亲能坚持三天，把自己的女儿带到母亲身边一样，父爱就在这个平常而又不平常的生活小事中表现了出来。

孩子们往往会抱怨父亲太严厉，没有母亲的温柔，从而疏远了父亲，感受不到父爱。同学们，用你们的心去接近父亲，去倾听一下父亲的心声，感受一下父爱的伟大吧！”

蒋梦秋同学在《别那么任性》一文中写道：

“我开始感到惭愧，仿佛是一种‘无地自容’的情感，我以前对父母任性过，现在想想，我根本没有这种资格。”

我一切都是父母给的，生命、智慧，思想……甚至我们所花的每一分零花钱都来源于父母。从另一个角度说，父母给予了我们一切基础和前提，我们应该去感谢他们，理解他们。

以前从未有过的感动，如今一齐涌上心头，炽热地燃烧着。而这些正是我平时所忽略的所习以为常的。

“天凉了，添件衣服吧！”这微不足道的八个字在平时根本就算不了什么，甚至会觉得父母这样提醒儿女是天经地义的事情。可我真的错了，父母对我们已是仁到义尽了……

唉，似乎晚了，似乎还不晚，总之以后我一定会对自己提醒那5个字：别那么任性。

在“晓之以理，动之以情”的亲情教育滋润下，学生在实际生活中就自然“导之以行”了。我们的学生都记得父母的生日了，能主动承担一些力所能及的家务了，他们开始关注妈妈的几丝白发和日渐粗糙的双手了，他们会挽起袖口为父母洗一次头或洗一次脚了，他们学会控制青春期逆反心理和冲动情绪了，用家长的话说，“他们变了，连说话也轻声轻气了。”

笔者在近几年的亲情教育中真切体会到：亲情教育是一个系统工程，它需要对学生思想渗透和学生自身实践相结合；它需要学校教育的改进和家庭教育方式的转变相结合；它更需要引起全社会的关注和思考，它需要你我思考研究实践的还很多很多……

（本文获2005年江苏省中小学德育优秀论文评比二等奖）

心灵的唤醒　精神的引领

阿　宋

众所周知，我们传统的德育形式比较单一，方法比较简单甚至粗暴，往往是唾沫四溅的说教而无师生之间心灵的对话，这样的德育即是学生人文素养的缺失。从2003年开始，我校以《人文苑》（后改名为《江海人文》）为主的系列德育课程的开发研究正式扬帆起航。在这九年的德育阅读课程开发与实践研究中，我们从一位教师的灵感闪现到付诸实践；从最初的了了几页到文本内容的基本成型；从逐步摸索到探寻出合乎初中德育的依托。

一、江海人文，一路走来

作为教育者，我们中有许多人或许都有这样一个体验，一读到好文章就想马上读给自己的学生听，因为一篇好文章的教育作用往往超过几个小时的长篇说教。笔者在2002年前常读一些经典美文或经典故事给学生听，但没有规律，文章的纸片东一张西一片。有一天我迸发出一个灵感：为什么不搞一个集子，专门收集适合学生阅读的精品美文呢？我的这一想法得到了学校的肯定和支持。精品美文主要源自《读者》《中国青年》《报刊文摘》三种报刊。收集入选的文章有一条标准：让学生感动、让学生震撼、让学生领悟。2003年9月，《人文苑》如愿与师生见面。当时的《人文苑》是每两周出刊一期，每期精选十二篇文章，每篇文章后精编两道“内省题”来激发学生深刻反思。《人文苑》逐渐成为师生思想碰撞的纽带，一时间，成为校园内争相阅读的佳品，并渐渐走出校园，许多家长也开始尝试阅读，甚至在他们的同事中传阅，影响力逐渐扩大。2006 年 10 月，《人文苑》更名为《江海人文》，并由专业的印刷厂印刷。《江海人文》改为 24 页的月刊。封二、封三为“读者中来”，刊登学生读《江海人文》的感悟、建议等，24 页中 21 页刊登经典美文，留 3 页设“回音壁”刊登优秀读后感。学校每学期举行两次读后感评比。至此，《江海人文》从版面设计、容量和印刷质量上，实现了一次飞跃。2008 年 11 月，南通市政协副主席、原江苏省海门中学校长季金虎为其封面题词，给我们办好刊物增添了无穷的力量。2009 年 12 月，《江海人文》在第四届全国校刊校报评比中获得中学组“最佳教科研刊一等奖”。

二、心灵唤醒，精神引领

我们始终认为人文缺失会使我们的德育空泛、苍白而无力，那我们该如何进行人文教育呢？如果我们把我国古代儒家经典思想和西方国家人文主义精髓进行对比，我们发现有其共性，如：理解孝悌父母、怜悯弱者悲悯苍生、宽容他人过失、珍爱生命学会自救、面对挫折决不气馁、忠诚并真爱自己的祖国、诚信至上不做欺骗、爱护动物保护环境、学会合作共同进步、感恩他人感恩一切等等，而对于未成年的初中学生来说，这些方面恰恰是在我们的教育内容中欠缺的。同情、自律、责任、友谊、工作、勇气、坚韧、诚实、信仰、忠诚，这些美德所具有的力量超越了时空、种族和性别，是人类向前迈进的依据，是人类作为一个种群得以衍续、发展的理由和支柱。基于这样的认识我们在编辑《人文苑》时精心设置了以下板块：“亲情”“悲悯”“宽容”“生命”“奋斗”“坚韧”“爱国”“助人”“诚信”“环保”“合作”“感恩”等十二个板块。每个板块精选精品美文，力求每篇文章或发人深省、或催人泪下、或催人奋进、或启迪人生等等。小刊物取名为《人文苑》，其寓意是以此作为对学生进行人文教育的载体。而《人文苑》的副标题“心灵的唤醒与对话”，正是我们理想中的德育思想。对学生的道德教育来不得半点强制，它应该是师生之间、生生之间的心灵对话，它应该是人性中的善的点燃和温柔一角的唤醒，那是“润物细无声”的潜移默化的影响．那是学生内心深处的共鸣与折服。长期以来，为实现这样的愿景目标我们有了很多的尝试，也取得了不少的成果，但让学生真正从心灵深处受到震撼，促发其行为影响的力量似乎尚显不够，而弥补这一缺憾始终是我们的追求目标。

三、知行璧合，有效德育

美文赏析起着陶冶情操、净化心灵的作用，在办刊的过程中，我们逐渐体验到，没有行动教育，思维的觉悟就无法体现，甚至有时仅停留在认识层面，没有实际行动，而且行动教育对思想教育起着强化和巩固的作用。从 2006 年 11 月开始，朱永新教授正式提出开展新教育实验“每月一事”项目，这一项目试图在每一个月中，让孩子通过有重点地做一些具体的小事，养成一种终身受益的好习惯。海门新教育实验区把 2007 年定为习惯养成年，全面推进“每月一事”项目。可以这么说，在我们止步不前时，新教育“每月一事”项目让我校的德育工作探索走向完备。从 2009 年 9 月开始，我校成立《江海人文》工作室，《江海人文》每期内容配合“一月一事”教育主题，一月一主题。每期确定组稿班级，由班级的同学通过课外阅读择优向我们的编辑推荐美文，同时增设副刊，发表优秀的学生文章。“每月一事”项目的基本操作流程是“主题阅读，主题实践，主题展示，主题反思”，而《江海人文》就是主题阅读的主要材料，每月的封二又展示上月的主题教育成果，“回音壁”发表上月主题教育活动中的优秀反思文章。《江海人文》和“一月一事”操作相结合真可谓“知行统一”了。

2009 年 10 月是我校的爱国主题教育月，《江海人文 · 爱国篇》精选了 20 篇美文作为主题阅读的主要材料，而辅之的德育活动有：初一年级由学生会举行“祖国——献你一首诗”朗诵比赛；初二年级各班由团委组织举行“爱校一策”活动，重点是发动学生为能仁中学发展献计献策；初三年级举行“反思今日中国与发达国家的差距，怎样学习发达国家发展中国国力”为主题的爱国主义教育征文活动。另外全校举行了爱国主义主题班会和大型爱国主义诗朗诵比赛。诗朗诵的现场，震撼了所有的来宾，同时也震撼了我们广大师生。

2009 年 12 月是我校的亲情主题教育月，《江海人文 · 亲情篇》精选了 22 篇美文作为主题阅读的主要材料，而辅之的德育活动有：初一年级各班要求每位学生为父母洗脚或洗头一次，并写好感悟随笔或日记；初二年级各班开展“算算亲情帐活动”，要求每位学生学当一个月家，记录家庭一个月的开支，并与父母进行温馨交谈一次，算算自己在生活、学习及其他方面的费用，并写好感悟随笔或日记；初三年级各班举行“心怀感恩写家书活动”，将感恩之情融进亲情信中去感恩长辈，去体会亲情，信中要求每位家长回一封信。另外全校各班举行了“亲情”为主题的主题班会。

四、心灵交互，收获感动

不知不觉中，《江海人文》已经成了师生课余生活的精神美餐。同学们阅读后撰写了很多真挚感人的读后感，现采撷一二。

我轻轻地将书架上的一叠书移开，放上一叠新书，上面醒目地写着“人文苑”三个字，这是第一期到第三十六期的《人文苑》，这是宋老师送给我的最大的财富。第三十六期，对我来说是最后一期，我的心不禁一酸，眼泪裹满了眼眶，想到以后再也看不到如此精典、优秀的文章，不禁有些难受，有多少次当我心情失落时，你鼓励我，安慰我，也有多少次，当我骄傲、得意时，你劝诫我、教导我。“心灵的对话与唤醒”，我想，你做到了这一点，读你已经成了我生活中必不可少的一部分。我转念又想，这对宋老师并不是最后一期，他将一直创办下去，这将又会鼓励、激励一代又一代学生走向成功，虽然，我看不到了，可是我还可以去读其它的书，知识是没有界线的，我也可以慢慢慢去品味原来的《人文苑》，毕竟好文章是“百品不厌”的，想到这，我心情舒畅了许多。我衷心祝愿《人文苑》越办越好！

——2005 届 4 班、2008 年海门市高考状元、录取清华大学学生 张晓晨

哦，你改名了——《江海人文》，不错很有内涵啊，我发现你变得更漂亮了，也设置了全新的版块，令人耳目一新。而班上的同学也越来越喜欢你了，争着要听你讲故事呢，你就是我们的心灵补品。在沮丧时，给我慰藉；在我难过时，给我帮助；在我失望时，给我力量。你永远是那么耐心，那么循循善诱，你永远是那么智慧，那么蕴味无穷；你永远是那么平和，那么和蔼可亲。这样的良师益友，我到哪里去找呢？

今天我怀着欣喜的心情写下了这一年以来与你相片的点点滴滴。千言万语都不能表达出我对你的喜爱与欣赏。在这里，我惟有感谢：

感谢你，为我的天空撑起了一片蔚蓝；

感谢你，为我的人生打开了一扇窗户；

感谢你，为我的学习点燃了一盏明灯；

谢谢你，让我们一路同行！

我知道，从《人文苑》到《江海人文》，校刊也经历了风风雨雨，我相信我们的校刊会载着两岸的一季又一季的桃李，永永远远……

——2008 届 9 班、原《人文苑》学生编辑、2011 年北大实名推荐生 余萌希

又一次翻开《江海人文》的书页，不再怀着好奇，因为我已经知道这是一本好书。

午后，微倚在树边，享受着阳光，阅读《江海人文》，手指轻抚过洁白的纸张，用心去感受手下文字的跳动，是一件十分惬意的事。

缓缓地读着，轻轻闭上眼睛，泪水流下，划过脸颊。我不愿擦去，不愿玷污了这纯洁的泪，我要把这晶莹的泪原封不动地赠送给《江海人文》。已经很久没有感受过流泪的阅读了，但《江海人文》让我情不自禁地落泪，我体悟到：流泪有时也是美丽的。《江海人文》是纯洁的，与漫画、言情小说、武侠小说等这些

麻痹人们心灵的书籍相比，她是如此超凡脱俗，这不是一本书，这是一剂良药，一剂能够唤醒灵魂最深处温柔一角的良药。

我们应该感谢《江海人文》，感谢她的真诚，感谢她在我们最叛逆的时候春风化人，让我们明理动情。阅读《江海人文》是一种享受，一种心灵的净化。

——2012 届 6 班、2012 年海门市中考状元　潘施祺

2011 年教师节，刚进入北大新闻系不久的余萌希的来信，信中的字字句句令我感动和自豪：

高考结束后，我开始扎入一片杂乱的书籍讲义海洋，来为我的高中生涯理出一个头绪和做一个总结。

在大堆五花八门的杂志下，居然整齐地码着一叠薄薄的刊物。那是上高中后宋军老师送给我们班的《江海人文》。

我们还是习惯叫它《人文苑》，我们初中的班刊和校刊。

曾经因为每个星期必须挤两篇读后感而不住埋怨，曾经因为那薄如蝉翼的纸张和廉价的油墨印刷而不住无奈，也曾经反反复复读着同一篇文同一段字，安抚着久久不能平静的心，曾经拜读学长学姐的读后感而暗自惊叹……如今所有的感情都只有感激与怀念能概括。我依然记得好多篇震撼我心的文章，它们的题目，作者，核心语句，以及我的感想，记忆之清晰更甚高中的一些课文。

阅读《人文苑》不是一件轻松的事。它有很多板块，每个板块只有一两篇文章，但读完的收获却是沉甸甸的，它带给我思考的空间、自我批判的勇气，最后这些都演变为我更强烈的求知欲和更谦卑的姿态。阿兰·德波顿说，读者总在寻找一种感觉，就是被作者贬低得一无是处的痛快之感。也许正是这种冲击式的阅读，更能让人成熟。回想起以前“爱国”板块的一些文章，今天的我感到它们有些偏激，正是当初阅读的震撼让我长久地记住了那些文字，并不断地咀嚼、反刍，渐渐形成了新的认识，而不是一味地接受与记忆。

也许太轻松的阅读，给不了人成长的空间。

更不得不说的，就是我担任《人文苑》文字校对的糗事了。我终于知道，所谓校对，是需要多么严谨与耐心啊。记得我拿着直尺，逐字逐句地读文章，就像医生执手术刀，解剖得事无巨细，连最后一点阅读的快乐也消耗殆尽，文章已经失去它的意义，变成成斤方块字的堆积……我对所有的校对工作人员抱有极大地崇敬。最最重要的是，把所有错字别字标点语病全改正后，一定要保存！当同学们拿到新一期、未改正的原始版《人文苑》，每一个错误都是对我这个“文字校对”的讽刺与批评啊。不过犯错是成长最好的催化剂，做工作一定不能功亏一篑！

最后要说的也是最由衷的话。我们对《人文苑》的感情更多来自于宋老师。对宋老师的崇敬仿佛酿酒般，随着时间增长而越来越醇浓。宋老师以英语老师的身份，用语文老师般的文字审美、以德育老师般的春风化雨，多少年如一日，维续着《人文苑》的生命力，更使它愈加蓬勃。等我们上了高中，《人文苑》已经更名为《江海人文》，印刷装帧也升级了，变得非常有质感，但那和当初一叠油印的薄纸还有着一样的温度，一样的宽度与厚度。一个老师能把学生教或第一名固然是本领，能教出第一的老师有很多，但能同时如此扑身于学生心理、道德教育，一坚持就是那么多年的老师，又有多少呢？

在哈佛有句话说，教育，就是知识忘光后所剩的东西。那么，应该就像《人文苑》所留给我的东西吧。

还有比这更可贵的礼物吗？

阅读是改变人精神的重要方式，阅读可以在共鸣中产生心灵感染的力量，可以在欣赏中生发智慧的火花，可以在回味中点化思想的引领。在开发《江海人文》德育课程的同时，2006 年起，我校以实施省级课题《中学媒体德育的开发与研究》为依托，继续开发影像德育课程、网络德育课程、环境德育课程、节日文化德育课程等，至此，我校的校本德育课程已初具规模，自成系统。“课程是一种有计划安排学生学习机会的过程，促使学生获得知识、参与活动、丰富体验。从本质上说，它是开放的、民主的、科学的，因此，课程不仅是一种过程、一种结果、而且还是一种意识。”通过阅读《江海人文》，参与每月一事主题教育活动，学生的情感、态度、价值观，知识、能力和过程、方法得到了最完全的整合。当然，我们还将继续努力，使我校的校本德育阅读课程不断走向完备。

（本文曾在 2012 年 5 月江苏省初中校长论坛上作交流）

高扬学生主体性：来自美国 SSD 的经验

阿　宋

你们喜欢故事里面的哪一个？不喜欢哪一个？为什么？

如果在午夜 12 点的时候，辛黛瑞拉没有来得及跳上她的南瓜马车，你们想一想，可能会出现什么情况？

如果你是辛黛瑞拉的后妈，你会不会阻止辛黛瑞拉去参加王子的舞会？

辛黛瑞拉的后妈不让她去参加王子的舞会，甚至把门锁起来，她为什么能够去，而且成为舞会上最美丽的姑娘呢？

如果辛黛瑞拉因为后妈不愿意她参加舞会就放弃了机会，她可能成为王子的新娘吗？

这是一位美国老师在讲《灰姑娘》时提出的问题。他没有直接告诉学生“大道理”，而是不停地提问，引导学生主动思考，结果学生在轻松愉快的氛围中，便悟出“做人要守时、要真诚”等道理。

经过分析，我们可以发现，这节课之所以收到很好的教学效果，是因为美国老师没有把学生当做倾倒知识的“容器”，而是把学生当做具有能动性的主体，引导学生主动去建构。

德育必须高扬主体性大旗，把学生看作具有独立人格的人，具有独立性、能动性和创造性的人，调动学生的积极性、主动性。这是美国教育给我们的重要启示。

美国社会教育组织SSD（Special School District of St. Louis County）是开展主体性德育的典范。SSD被誉为“圣路易地区公共教育取得巨大成功的一个传奇”，在过去半个世纪它已成为特殊教育和社会道德教育领域中的里程碑。SSD的德育经验值得我们学习和借鉴。

1. 创设德育情境

如果不通过具体的情境、不经由现实的途径，德育必然遭遇失败。因为脱离了情境就等于离开了主体，道德问题就不能被体察和领悟。因此，道德在本质上是情境性的，道德关涉人的价值和意义的问题，必须和某种情境联系起来才能被人理解。SSD的经典教材《生命线：换位思考》选择了人际交往中的177个生活情境，如：当你知道你最好的朋友正在做给他人带来痛苦的事情时，你怎么办？你母亲很累而且心烦意乱，她没有听你正极力要告诉她的重要的事情，你怎么办？你的一位熟人常常在你与别人谈话时插嘴并设法改变话题，你怎么办？SSD的六十套教材无不创设了青少年所熟悉的各种情境。因此，我们在实施德育过程中，我们所创设的情境应当来自于学生对自己亲身经历的记述，包括家庭、校园、社区等模拟情境。家庭情境可包括父母亲与孩子代际沟通中所出现的问题，比如对社会热点、流行时尚、穿着饮食、人际交往等不同的爱好与态度等。校园情境应当包括教师与学生沟通中出现的问题，如教师因对学生因某事发生冲突、学生因为没有被评为三好生而烦闷、郁郁寡欢等。青少年成长中的社会情境应当包括社会公共场所、社区、社交朋友、社会公共媒体等环境中所发生人际交往问题的各个方面，它们应该是能够为青少年所经历或者有类似经历的问题情境。

2. 关注学生情感

SSD倡导德育应贴近生活、回归生活，从学生的切实需要出发，关注他们碰到的困惑、难题，体谅他们的内心、困境，诱发他们设身处地去关爱、宽容他人。通过关爱他人的思考与实践，青少年开始关爱社会、关爱整个人类。在这一过程中，他们增强了辨别真、善、美、假、恶、丑的能力，强化了对正确价值观念的认同与践行。德育教材的编写也应以青少年为本。传统的德育教材一贯以机械说教至上，冷漠而脱离生活实际，空洞而缺乏情感共鸣，这种德育教材经实践证明是行不通的。德育教材必须从青少年的心理、情感特点出发，具有生活性与教育性、启发性与趣味性，真正起到良师益友的作用。当然，在德育过程中，教师一定要营造相互关心、体谅的课堂气氛，消除课堂上的不安、忧虑，营造自由、民主的氛围。

3. 强调主体参与

传统德育主导方法是对学生进行世界观、人生观、价值观、规范制度的灌输，我们把学生视为容器，我们单向地希望提高学生的思想觉悟，使之成为社会主义的建设者和接班人，要求学生严格遵守现成的规章、制度，做到“×不×要”，但学生的主体性被忽略了。他们常常身在课堂，心思却游离在课堂之外，甚至对德育产生了强烈的反感心理。应该说传统的德育方法有值得继承的内容，一定量的灌输也是需要的，但是如果让灌输成了德育的全部，就压抑了学生思想道德的发展，学生就不可能在德育中获益，他们的道德素养就不能得到提升。所以，我们应该像SSD那样，引入一些鼓励学生主体参与的德育方法，如价值分析、价值判断、角色扮演、社会模拟、社会探究、讨论、调查、思维、行动、体验等，这些方法让学生通过自由探究、审慎思考，作出深思熟虑的判断选择，并逐步内化为学生的认知和行动自觉。

4. 解决实际问题

我国传统德育要把学生培养成道德圣人，他们要做到五讲四美三热爱，他们要做四有新人，他们要做富有爱国主义、集体主义的社会主义事业的接班人，他们还要做道德公民等等。这些都没错，但是当他们遇到生活中的具体问题时，他们往往手足无措，不知道找谁去寻求帮助，事实上他们从来没有接受过相关的教育引导，应该说父母和老师是他们最好的引导者，但是青春期的孩子往往更愿意与同样没有经验的同学进行沟通求助。比如有这样的一个实际问题：当事人双方意见不一致时应如何妥协一致？如何表达自己的愤怒情绪，是进行辩论、是用武力，还是找仲裁者？当某位学生偷偷地“借”了班会费被人发现，该怎么处理？当你收到同班同学的“情书”，你该怎么办？诸如此类的社交问题，SSD都给出了自己的答案。德育必须归纳学生实际的问题，并进行系统地教育引导，达到切实解决学生实际问题的目的。

（本文发表在《中国德育》2013 年第 12 期）

一名家长眼里的县中教育

阿　宋

2015 年 6 月 9 日高考结束后，在陪同孩子参加北大自主招生考试的火车上，我遇到了一位同去北大参加自招考试的刘家长。由于火车行程较长，她就很自然地向我介绍了她孩子所在学校的情况。

城市教育 VS 县中教育

她的孩子来自一所学习非常轻松的城市学校，学生每天早上七点半上学，每天下午四点半放学，没有晚自习课，双休日也没有上课的情况。面对高校的自主招生考试，这所学校没有竞赛辅导或自招辅导，据他们的老师说，那不是学校的事。但这是一种表象，在轻松的背后，令我诧异的是部分家长和学生的大量的投入和付出。面对激烈的高考竞争，这所学校的一些优秀学生和家长并没有放任自流。刘家长联络了年级中二十多名孩子学习成绩优秀的家长组织一个培优辅导班级，从全市各校中物色有名望的各科优秀教师，出高额报酬聘请他们给自己的孩子进行竞赛辅导和自招辅导。家长们分头行动，有的负责租房子，有的负责接送培优辅导教师，有的负责维护学习纪律。他们不仅投入了大量精力，经济投入也很大。据这位刘姓家长说，他们的孩子在高三一年用于各类培优辅导的费用生均不低于四万元。但是，由于培优辅导不够系统，辅导老师对学生情况不熟悉，辅导效果一般。在今年的清华北大自主招生考试资格审定中，全校只有 3 人获得考试资格。由于之前的几次数理化竞赛成绩一般，对于这次去北大自招考试，他们的心中真是忐忑。

与刘家长相比，我作为家长可算幸运多了。我的孩子来自一所县中，就是曾经被痛批为“县中模式”的县级中学。我的孩子不是寄宿生，早上六点半上学，在学校上晚自习至晚上十点，周六在学校自主学习（以社团课程为主）。我的孩子从高一时就参加了学校组织的由任课教师辅导的数理化竞赛辅导，孩子参加了三年的高中竞赛辅导，我们作为家长没有出过一分钱，而且孩子获得了较好的竞赛成绩。高中数理化竞赛成绩很重要，因为这份成绩单是清华北大确定自主招生考试资格的重要依据，更重要的是，孩子有了竞赛的底子也就能在清华北大的夏令营选拔中领先一筹，更为后面的自主招生考试夯实了基础。2015 年，孩子所在的江苏省海门中学获得清华北大自主招生考试资格 21 人，实际获得加分 16 人，最后录取了 15 人。而上述刘家长的女儿是该校获得自招加分唯一一人。作为一名县中的家长，我非常感谢孩子的母校为我们的孩子所付出的一切，作为家长，我很清楚其实学校和学校的老师为我们家长承担了很多的教育责任，正是县中模式帮助孩子们圆梦清华北大。除了清华北大外，海门中学还有 28 名学生获得复旦、交大、南大等著名高校的自招加分，仅南京大学就录取了 33 人，本一上线率达 73. 30%；本二上线率达 98. 12%。

对比今天的县中教育和城市学校教育的现状，我深感 2015 年 8 月 26 日搜狐网上的一篇文章《BBC 纪录片中没讲的事——西方教育偷偷完成社会分层》中一段文字很能说明问题：

在近十年来，中国的教育无论是在大学还是在中小学，都经过了一系列深刻的变革。这种变革既出于中国教育对中国社会快速变动的回应，也在很大部分出于向西方学习的目的。一些人常拿英美公立学校来做素质教育的模板，强调快乐学习，强调减负，结果造成了公立教育在内容上的缩水，质量上的下降。这实际上逼迫着家长们在课外时间投入更多的资源，而无力购买教育资源的孩子则越来越难以通过自己的勤奋在课堂上弥补这种资本上的差距。

国外一些嬉闹散漫的所谓现代公立教育，其实不过是政府提供的最低标准公共产品。我们不能把这些标准当作中国教育改革的方向，也不能把这些标准当做西方教育的真相。中、日、韩等儒家文化圈的国家，在公立教育上往往都显得比西方社会要残酷，但这恰恰也意味着，这些国家的公立教育更能让平民子弟实现向上的流动。

县中教育≠“县中模式”

今天的县中教育，已经绝非简单的曾经被定义的“县中模式”，即一种主要在县级中学实行的，以大量的时间投入为表象，促使教师和学生在一个封闭的空间里，全力以赴，通过研究高考，应对高考，以获得高考佳绩为惟一目标的教育管理模式。孩子的母校是一所百年老校，学校每三年有三大节轮回（科技节，艺术节，体育节），每个节日前后的持续时间都能超过两个星期，筹备时间更是达到一个月。学生们广泛参与志愿者、演讲、辩论、歌曲、绘画、成人礼、主持人、达人秀、知识风尚、科技创新等大赛。学校每一个月有新教育主题月活动，学校保证孩子每天阳光运动时间不少于一小时。学校的每一个同学都有参与活动的机会和组织活动的可能。海门中学学生会拥有全校学生1/9的规模，青年志愿者协会拥有全校学生2/9的规模，学生科学协会拥有近全校学生1/9的规模，另外还有摄影协会、学生自管会、学生校长助理等各类组织。学生的能力从中得到锻炼，日常生活也颇为丰富。从海门中学毕业的学生不论成绩高低在各个高校中都有很好的表现，并不是“只会学习”，也对国家社会富有感恩情怀。海门中学还是一个注重文化内涵教育的学校，并不是仅有成绩和活动，《海中人宣言》、敦品、力学、大气、卓越的校训、校门口上个世纪三十年代的对联“不弄玄虚，不翻花样，辛苦干从头，看有什么成绩；亦当徒弟，亦算老师，呼应成一气，勉之这种精神”等都是校园文化的一种体现。在2008年第九届亚洲物理奥赛中夺得金牌的顾颖飞曾是中国物理奥赛国家队队长，现在美国斯坦福大学深造，绝非所谓的高分低能的读书机器。在信息爆炸的智能时代，城市学校原来具有的信息优势、地域优势、技术优势已经大大降低，今天的县中也能同步占有信息资源，提升软件和硬件水平，一手抓素质教育，一手抓应试教育，可以说是“戴着镣铐在跳舞”，正如孩子的母校校长常说的：“没有升学率就会边缘化，只有升学率就会庸俗化。”海门中学“实施人性教育，培养有为人才”，这是学校在多年的教育教学实践中不断摸索并逐渐形成的发展理念。学校始终坚持“三全”：全面贯彻党的教育方针、坚持面向全体学生、促进学生全面和谐发展；围绕这一学校发展理念实现“三高”（办学高标准、教育高效率、学生高素质）和“三自”（培养学生自强、自学、自治的能力）的办学目标，在科学管理、人本师训、校本课程三个方面凸现出鲜明的办学特色。在我们家长看来，县中教育从本质上说是一种对我们孩子的未来负责的教育，也是对民族的未来负责的教育。

县中精神也是“谜一样的东方精神”

曾有人撰文这样描述县中的老师们：他们大都出身农村，有一种肯吃苦的精神。他们把全部的精力都用在了教育学生、研究高考上。县中的老师针对大纲、考纲，把考点一个个梳理，一个个通过，每一个考点都设计专门的应对策略，形成了一整套严密的训练系列，保证了学生一看到某种类型的题目，马上就想到相对应的解题方略。即使一些新的题型，老师们几乎也都有研究。同时县中教师压力大，存在一定的工作倦怠，他们心理健康状况不佳，部分教师在工作中存在“应付”的现象，很多教师对工作不满意等。这些文字有一定的道理，但是有矮化县中教师之嫌。我以一名家长的眼光看，曾经的县中教师与城市教师如同上个世纪五十年代朝鲜战场上的中国人民志愿军战士与美国大兵。直到今天，美国军人仍对曾与之对阵的中国军人怀有一种颇富神秘感的尊重。从他们的角度看，中国军队的实力更多地表现在排山倒海、坚忍顽强、奋勇冲杀和不惧牺牲的精神，他们称之为“谜一样的东方精神”。当年到过朝鲜的美国军官，在回忆录里皆印象深刻地描述志愿军发起冲锋时“撕心裂肺的军号声”和“尖利刺耳的哨子声”。我不知道城市教师能不能理解或尊重那种“吃苦耐劳、甘于奉献、服从指挥、勇于负责”的县中精神。

今天的县中里出现了一大批教育家或教育专家，老一辈以魏书生等为代表，新一辈以卢志文等为典型。今天的县中教师是百分之百的科班出生，所有教师都是大学本科以上学历，研究生学历占五分之一，除了吃苦耐劳、乐于奉献的特点之外，他们勤于钻研，集体协同作战意识强；他们具有丰富的教育情怀，由于近些年教师物质待遇的提升，他们已经基本摆脱了物质的羁绊而全身心投身于教育改革的洪流中；在这样的一个人人触网、人手一机的网络智能时代，他们获得的所有信息已经和城市学校的教师实现同步，但与城市学校教师相比，他们更清醒地认识到自身的不足，从而更加如饥似渴地学习，或许他们无暇于网络购物，却对教育微信情有独钟；他们由于自身的经历对于自己的学生有着更深的情感和责任，他们明白教育对于农村的孩子意味着什么，所以他们愿意无偿地托起孩子实现梦想，他们绝不会冷冰冰地按时下课或放学，他们也绝不会绝情地告诉孩子：培优辅导不是学校的事，自己去教育辅导机构吧。因为县城里还没有这样高层次的机构，即使有，农村家庭也承担不起费用。

通过北大的自主招生考试，我的孩子和刘家长的孩子都梦圆北大，他们成了同学，他们来自不一样的学校，但同样的是，孩子都付出了很多，而我们家长的负担却差异很大。在北大学习了将近一个学期，两位孩子的综合素质不相上下。中国的教育是底层向上攀登的阶梯，平民子弟要想成为精英，就必须吃苦受累，这一点城市教育与县中教育差异不大。而今天的城市教育，决不能像西方的教育一样，提供了一个分层机制，只提供基本、有限的教育，要想成为精英，城市家长就必须从市场上另行购买教育，买不起的人则自然而然地被淘汰了。如果是这样，我们该不该为县中教育点赞？

（本文发表于《中国德育》2015 年第 21 期）

班主任的“小确幸”

阿　宋

我是从《读者》上刘玉真的文中了解到“小确幸”的。“小确幸”一词是日本著名作家村上春树发明、翻译家林少华翻译的，意思是“微小而确实的幸福”。“小确幸”面世以来，受到了网友们的追捧。“小确幸”的感觉在于“小”，每一枚“小确幸”持续的时间 3 秒至 3 分钟不等。源于细节的小幸福，就散落在我们生活的各个角落，当你逐一把它们拾起的时候，就找到了最简单的快乐！而作为一名班主任，我从自己的工作、生活中就能找到自己的“小确幸”。

一

我走上这张金碧辉煌的讲台。

“上课！”

“起立！”老班长喊道。

“同学们好！”

“老师好！”同学们朗声回应。我上了一堂特殊的班会课，讲了三个关键字：感谢、自豪、原谅。

这是我的首届学生二十周年毕业聚会上的一个环节，他们邀请我这位老班主任 20 年后为他们再上一节班会课，原班上的班长和文艺委员担任主持人。我讲完后，我们班的几位任课教师也纷纷发言。我的思绪回到了二十二年前，这届学生是我毕业后所任教的第一届学生，也是我第一次担任班主任。当时我接手的班级是一个“资助班”，其实就是没有录取公办班（本乡前 100 名）而交纳资助费后录取的 50 名学生。在一个教育质量相对较强的公办班师生眼里，我们资助班的学生是二流学生。但是那时的我年轻气盛，事事要求争第一，我要求我们资助班的每个学生发扬永不服输的精神，用自己的行动告诉全校师生，我们也是一流的学生。我们从学习、卫生、体育、纪律等各个方面与公办班竞争，从初一的第一次期中考试开始，我们就领先于其中的一个公办班，运动会则一直领先于其他两个班级，三年后的中考更是取得超越公办班的辉煌成绩。但是那时我对学生十分严厉，有时甚至有些过分了。所以我讲到第三个关键字“原谅”时，我希望我的学生能原谅我当时工作中经验不足、意气用事、方法简单。在随后聚餐敬酒时，有一名学生对我说：“老师，您真的成熟了。”我印象最为深刻的是当年我创建了一个足球队，由我班姜亮同学担任队长。我要求足球队队员每天跑步 1500 米，周日上午必须完成作业，周日下午来校和我踢足球，女生也来校观看，有时还帮我洗鞋子。初中毕业后，我们的足球队没有解体，一直延续到今天，虽然队员变化很大，但他们一直活跃在江苏苏北地区，唯一没有变化的是姜亮还担任队长……眼前，师生其乐融融，我成了今天聚会的中心，这是我的“小确幸”。

二

“你最大的精神力量是什么?”

“北大校长王恩哥说，他的幸福是集天下英才而教之，我的最大精神力量是，我为能集江海英才而教之而感到自豪。”

这是不久前一次同学聚会上我的一个同学与我的对话。我的同学高峰是一个全国著名保险公司地级市的老总，他了解到像我们这样的班主任老师工作繁忙而待遇却不如他们公司的一个普通职员，但我们在同学聚会时依然目光如炬、不卑不亢、底气十足，不少同学更是向我客气地讨教家庭教育的问题，所以他问了我这个问题。作为一名普通的初中教师，从我任教的第一届“资助班”起，我一直任教学校最优秀的班级，名称各异，诸如“海中班”、“实验班”、“科技特长班”、“课程基地班”等，我一直行走在课堂教学改革的最前沿并担任班主任，我任教的学生从当初学校的最优秀学生群体发展到现在全市最优秀的群体，任教二十多年来，我送走了九届初三毕业班，有 14 位学生走进了清华北大，有 5 名学生进入英国剑桥大学、美国华盛顿大学、加州大学等世界著名高校,，倪梓强同学成了世界脑力锦标赛的冠军，而录取其他大学的学生就更多了，这些成绩对于一些著名学校而言也许是微不足道，但是对于一名普通的农村教师而言是辉煌的。作为班主任和任课教师，其实，我因我的优秀学生而荣，我常常沾了学生的光。日本 NHK 电视台来校采访倪梓强同学，我作为班主任也接受了采访，并作了十分钟的专题介绍。我真是激动万分，因为以前仅有一次上电视台的经历也是因倪梓强我参加了我市的一个电视专题采访节目。在我的二十二年的任教生涯中，我有两次服从领导安排中途换班的经历，每一次原任教班级的学生家长都纷纷到学校领导处强烈要求我继续任教。每接一届新的班级，总有一批家长慕名而来要求到我的班上来，我有着强烈的“被需要感”。也正因为如此，在学校教育日渐受到多方重视的今天，作为一名优秀的班主任，这就是我的“小确幸”。

三

“问‘军’能有几多愁，满堂学子来分忧。

教育育人心犹在，桃子李子满神州。”

这是我办公桌上一张卡片上的一首打油诗，它的作者是我2009届的学生姚佳程。2009届学生毕业时，我任教的9班升学分流考试达标人数比竞争对手10班少了几个，整个暑假中我都闷闷不乐、萎靡不振却又无处诉说。九月一日开学后我连续一个多星期都吃不好饭、睡不好觉，我觉得我做教师可能“走火入魔”了，但是我似乎难以走出来。那一年的教师节到了，我收到了一份特殊的礼物，2009届9班全体毕业生在一张空白卡片上每人给我写了一段话，很多同学还附上大头贴笑脸，姚佳程的这首打油诗赫然其中，这份特殊的礼物深深地感动了我，而姚佳程同学的打油诗则一举“击中”了我，让我轻松释怀。我收到这份礼物后马上把这张珍贵的卡片送去塑封装裱，当天夜里我就迅速进入梦乡，第二天以后我又恢复了活力。如今，这张卡片一直端端正正地竖立在我的办公桌上，它告诉我，只要有爱的付出，就会有温暖回报，无论何时何地，班级的学生就是班主任最坚强的后盾。作为班主任，我在工作中不可能一直一帆风顺，有时也会遇到困难和挫折，有时也会遭遇不公正和不理解，有时也有过失和错误，但是同学们的支持、鼓励、宽容和爱戴一直激励着我，让我能从各种逆境中迅速走出来，抬起头来，抖擞精神，继续走向教育的远方。尤其是毕业后的各届学生每逢教师节、中秋节、春节等节日都会发来温暖的祝福。学生汤佳琦就是其中之一，自从2003年毕业后至今，她每年都会给我发节日祝福语，我们虽然从未见过面，却好像有个女儿在牵挂我一样。今年暑假我去北师大参加活动，我的在北大读大三的几位学生得知消息后马上和我联系，晚上来我下榻的宾馆看望我，我的自豪感油然而生。自从开通了QQ和微信后，我和毕业后的同学们以及他们的家长之间的交流就更多了。学生们的丝丝情意时刻温暖我的心，不断在我的心中注入正能量，让我能战胜各种工作中的困难和挫折，勇敢前行，我几乎成了打不死的“小强”，这也是我的“小确幸”。

四

“现在很多人都不愿意担任班主任，因为班主任工作压力大、任务重，你工作至今一直担任班主任，已经连续有二十多年了，你不觉得累吗?”

“可能你不相信，我担任班主任很轻松，因为我的班级已经基本实现了‘自动化管理’。”

这是在十月一日参加完我的2005届学生周楠傑的婚礼后，回家的汽车上我的同事沈永平老师与我的对话。真的，我说的完全是真话。作为班主任，我的管理工作虽然达不到著名教育专家魏书生那样的高度，但是我的班级也做到了“事事有人做，人人有事做”。我认为，班主任要轻松管好班级的前提是班级风清气正，而公平、公正、公开是一切班级工作的行事准则。我向每一届学生庄严承诺，我无法改变社会大气候，但是我可以保证班级的小气候的透明洁净，我能保证每位学生在我的班级因公平、公正而心情舒畅。据调查，公平的需要是学生的第一需要。2010年当我读到雷夫老师的《第56号教室的奇迹》以后，我又学到了一个班级管理的法宝——“经济学管理”。洋为中用，合理吸收，我把学习小组管理与经济学管理相结合，班级中所有学生以四人学习小组为单位进行竞争，学习、劳动、卫生、守纪等各个项目以学习小组为单位统计财富值，每个月进行一次座位拍卖，财富多的学习小组可以拥有自己的座位，甚至可以出租给同学，租用他人座位的学习小组必须付租金。纪律问题是班级管理中一个无法回避的问题，我的班级中也有违纪的事例，我的处事原则是“依法办事”。像很多班级一样，我班在组建班级之初就制订了班级公约，各项违纪行为有“罚款”制度，纪律委员确定罚款数目，交由银行行长执行。我们班级的所有财富记录和统计工作由学生银行行长和银行工作人员公开透明地负责。我还把以前的各项班级管理措施融入经济学管理，所有的管理工作完全由学生承担，我基本置身事外。闲庭信步于碧草葱茏、书声琅琅的校园，轻轻松松地管理，快快乐乐地工作，高高兴兴地收获，这就是我的“小确幸”。

五

“你的班级管理论文又一次获奖了，请问你有什么秘诀?”

“没有什么秘诀，完全是我工作生活的真实记录和简单总结，这篇文章我仅花了半小时就一挥而就，再花了两三天推敲润色。”

这是我昨晚梦里的一个情境，我梦见我的班主任论文获奖后接受一名记者采访，你能想象那时的自豪感。当我半夜醒来时不禁哑然失笑，可能是因为我日有所思，夜有所梦了。但是这梦境与我的真实生活何其相似。作为班主任，我喜欢把生活中的点点滴滴都记录下来，及时发布在我的“南通教育博客”上，有时拼拼凑凑成为一篇文章，再参与一些论文比赛居然也能获奖一二。记得2002年夏天的一个晚上，半夜梦到校领导批评我班主任工作的失误，我委屈申诉而醒来。梦醒后我思索着自己的班主任工作得与失，想到激动处想落笔记下来，打开电灯，找到床头只有一个旧信封，提起笔写了几段，倒下熄灯又睡。又想起来几段，翻身开灯再写，旧信封写不下了，轻轻地撕开，再写在反面的空白处。就这么倒下想、翻身写好几个回合，一直折腾到天亮。第二天上完课后，我拿着这个旧信封，在电脑上整理那些歪歪斜斜、潦潦草草的文字，竟整理出一篇完整流畅的文章来，命名为《班主任的工作挫折与防卫》。没过几个星期，我投稿参加江苏省“师陶杯”论文评比居然获得一等奖，并作为单位唯一一名代表去南京领奖，奖品是一个高级电脑包和一套《苏霍姆林斯基全集》。为了充分享受这份奖品，我用了不到一年时间硬是读完了这厚厚的五本全集。受此激励，2003年又写了一篇《我的德育认识与实践》参与评比，再次获得省“师陶杯”论文评比一等奖，连续两届获得省级论文评比一等奖的殊荣在我们这所普通的农村中学可谓神奇。以后，撰写的班主任论文较多，参与各种论文评比获奖颇多，虽发表颇少，但也自感良好。工作之余，我的思想点滴能受到认可，这就是我的“小确幸”。

本文为昨晚梦醒后的腹稿，今日在键盘上敲出，愿能发表再次成为我的“小确幸”。

（本文发表于《中国德育》2014年第22期）

充分发挥英语学科德育功能

阿　宋

一、引言

党的十八大报告中提出“把立德树人作为教育的根本任务，培养德智体美全面发展的社会主义建设者和接班人。”因此，充分发挥英语教学过程中的学科德育功能是每一位英语教师责无旁贷的责任。《义务教育英语课程标准（2011版）》指出，“学习一门外语能够促进人的心智发展，有助于学生认识世界的多样性，在体验中外文化的异同中形成跨文化意识，增进国际理解，弘扬爱国主义精神，形成社会责任感和创新意识，提高人文素养。”教师培养学生的这种综合人文素养就是让学生接受品德教育，形成美好的心理品格。

然而在英语教学实践中，英语学科的德育功能没有得到充分发挥，表现为：很多教师把过多的注意力集中在英语知识的传授和语言能力的培养上，忽视英语学科的德育功能，德育只出现在评优课或展示课上；英语学科德育内容集中在课堂结束前的一两分钟，操作简单，流于形式；德育内容与显性教学内容相结合，“假大空”或“显而易见”，无法触动学生的心灵，提升学生的道德水平；英语教师常忽视自己在学科德育中的言传身教的作用，忽视了自己的言谈举止，或者在学科德育教育过程中没有情感投入，无法达到理想的英语学科德育功能等。

二、英语学科德育与教学内容整合

英语教材是英语学科德育实施的载体和工具，依据教材挖掘德育因素是充分发挥英语教学过程中的学科德育功能的前提。在现行教材中，有很多显性和隐性的德育内容可以供教师深入钻研、合理运用。具体地说有三点。

1. 显性结合

表现为英语学科德育内容通过教材内容直接反映出来。如译林版《牛津初中英语》（下同）8B教材中，Unit One的标题是Past and present，包含的德育素材是：感叹家乡巨变，全面认识这种变化，热爱家乡、热爱祖国；Unit Two的标题是Travelling，包含的德育素材是：了解香港迪士尼乐园，了解地域文化，增强跨文化意识；Unit Three的标题是Online Travel，包含的德育素材是：了解电脑游戏这一娱乐方式，增强学生对未知世界的好奇和探索；Unit Four至Unit Six的标题分别是A Charity show，International charities，A Charity walk. 包含的德育素材是：了解世界范围的著名的慈善组织，培养慈善意识和悲悯情怀，参与慈善活动。这些丰富的语言材料可以让教师直接与学科德育相结合，为学科德育提供了极好的契机。

2. 隐性挖掘

表现为英语学科德育内容蕴含于英语教材内容之中，它需要教师通过有效的手段揭示出来。如《牛津初中英语》8A Unit One的标题是Friends，其隐性德育素材是学会以对朋友的标准来要求自己，让自己成为他人最好的朋友；8A Unit Six 的标题是 Natural disasters，其隐性德育素材是面对灾难如何冷静应对，巧妙逃生。9A Unit Three 的标题是 Teenage problems，其隐性德育素材是引导学生积极面对生活中的各种困惑和问题，同时学会关心他人、关心同学，勇敢地与同龄人一起克服成长的烦恼。教师对于隐性德育素材应通过教学活动帮助学生领会，而不是高调告知，更不应该强行灌入学生的头脑。

3. 联系生活

无论是显性德育素材还是隐性德育素材，都必须紧密联系师生生活实际才有生命力，才能发挥教育作用。英语教师在挖掘德育素材之后还有一项重要的工作，就是如何把这些德育素材与师生不断发展变化的生活实际联系起来，这就需要教师深刻了解学生的思想动态、道德困惑和道德现状。教师既要了解全体学生的面上的较为共性的情况，也绝不能忽视个体差异，尤其要掌握具有典型倾向、代表意义的个体表现，这对教师提出了不小的考验。教材中的德育素材必须在师生生活实际的德育情境中才会吸引学生的注意力，解决学生实际问题，否则就是哗众取宠，无法达到德育之功效。

三、英语学科德育实施的方法

教师找到德育素材之后就应该付诸于实施。实际上，实施比寻找、挖掘德育素材更为重要，更具有技巧性，是充分发挥英语教学过程中的学科德育功能的关键。

1. 变课末点题为课中渗透

每位英语教师要始终牢记自己的德育责任，做到教学中渗透德育，德育中进行教学。不应仅在课堂结束前象征性的“画龙点睛”，而应该在课堂中随时随地的无声渗透。如 9A Unit One Main Task 的教学任务是写一份推荐信，我把课堂的任务确定为：向班主任老师写一封推荐信，推荐班上某位同学担任班长，写作前我组织同学们进行小组讨论，确定每组推荐名单。写作结束后进行展示时，我发现每组的推荐的学生并不相同，而且有几个小组推荐的不是现任班长。我马上要求学生用英语讨论：1. What advice would you like to give our monitor if you want him to be an ideal monitor? 2. Would you like to be our monitor? What will you do for our class if you are our monitor? 经讨论并选派代表发言后，我们的现任班长的脸红红的，而其他同学的脸上也洋溢着建言后的满足感。

2. 变“假大空”为“真细实”

在教学实际中，我们进行的德育常有“假大空”的嫌疑，或者是“显而易见”的，学生心领神会，课堂上配合得天衣无缝，实际上心灵没有任何触动。如教授 8B Unit 4 Hosting a charity show 时，在完成课堂阅读任务后，我提出一个问题：What can we do for charities? 学生们马上踊跃发言，如 We can advertise on the Internet. We should give out leaflets to ask people to donate money. We can organize a fashion show to raise money. Let' s sell books to raise money. 我很清楚这些答案来自前一课时的教材上，我紧接着问 What else can we do? 同学们马上沉默了，等着我提示。我打了一个伏笔，说相信同学们以后会找到很多答案的。下课后，我通过学校与我市的特殊学校取得联系，建议我班与特殊学校的特一（6）班举行一个联谊会。同学们有说有笑地去特殊学校参加活动，但是当我们刚刚踏入特一（6）班教室时，大家惊呆了，因为所有学生从来没有见过一群残障儿童齐聚在一起。还是我们的主持人反应快，及时调节气氛，大家在特一（6）的教室里度过了一个特别的下午。回到学校后的第二天，我重提话题：What can we do for charities for the disabled? 同学们的讨论变得严肃、认真了，大家提出了很多中肯的建议，班级中宋贝尔等同学主动提出，以后要当慈善活动的志愿者，身体力行地为残障儿童做一些事。英语教师要放弃那种“假大空”式的宣讲，引入一些鼓励学生主体参与的德育方法，如价值分析、价值判断、角色扮演、社会模拟、社会探究等，做一些真事、小事、实事，让学生通过自由探究、审慎思考，作出深思熟虑的判断选择，并逐步内化为学生的认知和行动自觉。

3. 变冷漠说教为言传身教

所谓“桃李不言，下自成蹊”，英语教师的价值取向、道德素养，甚至一言一行都在影响着学生的道德发展。因此，凡是要求学生做的教师首先必须做到，凡是教材中的德育素材，教师率先垂范，教师必须通过其自身行为让学生感受到优秀道德品质之美。另一方面，英语教师在进行德育工作时需要教师情感投入。教师在应用德育素材实施道德教育时绝不能一贯以机械说教至上，冷漠而脱离生活实际，空洞而缺乏情感共鸣，这样是无法达到德育效果的。记得笔者曾经在课堂上讲解一篇以亲情为主题的完形填空时，被文章中真情所打动，眼含热泪，语气哽咽无法继续，停顿几分钟之后才继续讲解。教室内一下子寂静无声，同学们脸色凝重，甚至有几位女生眼中泪光闪闪。我趁热打铁地问：“难道我们不应该像文中那位失去双腿的孩子那样学会体谅自己的父母吗?”同学们的脑袋纷纷垂了下去，若有所思。不用说多少大道理，我坚信同学们收获的不仅仅是那篇完形填空的答案和所含的语言知识。

4. 变“高大全”的要求为解决学生实际问题

长期以来，我们对学生的德育要求是“高大全”，希望他们做到“诚实、勇敢、坚强、环保、悲悯、爱国”等等，这些要求都没有错，但是当他们遇到生活中的具体问题时，他们往往手足无措，不知道如何处置生活中的实际问题，也不知道找谁去寻求帮助，事实上他们从来没有接受过相关的教育引导。因此，教师在整合教材中的德育素材和生活实际时，必须思考如何解决学生当下急需解决的实际问题。如教授 9A Unit Three Teenage problems 时，笔者不是简单地要求学生遇事主动与老师、家长、同学沟通，勇敢面对生活中各种挑战，而是针对同学们的一个共性问题“作业负担太重”与同学们一起讨论解决的方法。这是一个客观存在的实际问题，经过同学们的热烈讨论，大家最后想出了三条对策：单科作业量控制，班长统筹，班主任与任课教师沟通协调；单科作业限时完成，无法完成的搁下；设定作业完成时间最迟制，该时刻作业依然没有完成的教师不予追究。不仅如此，我们对于课堂讨论下的对策真的付诸实施，受到了学生极大的欢迎。长期以来，笔者坚持英语课堂上德育内容解决学生实际问题，并且真真切切地实施，师生已经达成共识，英语课堂不是作秀讲大道理，而是说真话办真事，解决真问题，因此课堂深受学生的欢迎。

四、结语

“德育为先”和“教学中心”并不矛盾，德育工作不仅是班主任的事，学科德育也是学校德育工作的重要内容。英语教学与德育功能互为依存，相互促进。充分发挥英语教学过程中的学科德育功能，从大处讲，可以立德树人，从小处论，可以大大提高英语教师的威信，还可以端正班风学风，促进英语教学质量的提升，何乐而不为。

参考文献：

1. 教育部：《义务教育英语课程标准（2011 版）》，北京师范大学出版社，2012 年

2. 徐蔚：“寓德于教 提升人文素养”，《中小学英语教学与研究》2009 年第 5 期

3. 贾美华、金利、黄冬芳：“以学科德育促进全员育人的探索”，《中国德育》2013 年第 9 期

（本文发表于《英语画刊》2014 年第 12 期）

老师，等等我！

阿　宋

临近期末放学，作为班主任，我忙于撰写评语和收集各科成绩，突然接到方淑琴的妈妈打来的电话。她说已经来到学校，有重要的事跟我面谈。我想有什么重要的事呢，便约定在办公室见面。三分钟之后，方淑琴的妈妈风尘仆仆地进了办公室。她说他们要搬回浙江了，要给方淑琴转学。方淑琴一家是浙江人，来我们江苏做生意十多年了。我觉得挺突然的，第一个感觉是，中国的经济衰退怎么真真切切地影响到我的学生了呢。我说这事挺突然的，怎么事先从未提起过，接着问孩子在哪儿。她告诉我说孩子与爸爸在楼下。我说让我跟孩子爸爸单独交流一下，了解一下情况。

方淑琴的爸爸是个较内向的中年人。我委婉地问是不是家里生意出了状况，才不得不搬回去。听他爸爸一解释，我恍然大悟。原来方淑琴要转学与家庭情况无关，他们也并不是真的要搬回浙江，主要原因是孩子感觉学习压力大，跟不上班级的学习进度，一直吵着要回老家上学。方淑琴的两个姑姑在老家也一直鼓励孩子回来。方淑琴的爸爸妈妈做了很多的思想工作也不起作用，甚至也骂过打过了。如果孩子转回老家真的成了留守儿童了，因为爸爸妈妈还在江苏做生意，不搬回去。了解情况后我一方面心中责怪自己粗心大意，另一方面问孩子父亲为什么事先没有通个气。孩子爸爸说上个学期结束时他曾跟我说，方淑琴感觉学习压力大。我记得有这回事，后来也与方淑琴交流过，我告诉孩子作为学生，每个人压力都挺大的，要变压力为动力。现在想来，我的简单说教没有太大的作用。了解了孩子父母的期望后，我把方淑琴叫到了办公室，孩子爸爸妈妈也陪同着。

我首先告诉方淑琴，你的成绩在班级处于中等位置，你的压力来自自我过高期待，这种期待源自小学时候优秀的你。如果你感觉跟不上，那么班级中是不是有一半的人都要转学了。其次，我知道你家里还有一个小弟弟，是不是感觉爸爸妈妈把更多的关爱给弟弟了，所以自己宁愿回老家当留守儿童，事实上爸爸妈妈非常爱你，也不希望你转学。接着，我告诉方淑琴，你品学兼优，目前处于中等位置是因为我们的班级是全市最好的课程基地班，高手如林，你的成绩在任何一所普通学校中算起来仍是非常优秀的。据我了解，你转往的学校的软件硬件没有我校的强，在一所普通学校中处于优势位置，心理感觉比在一所优秀学校中处于普通位置要好，但是这并没有从本质上提升自己综合素质。方淑琴的爸爸妈妈也在旁边挽留孩子留下。但是方淑琴还是不肯点头。最后，我告诉孩子，老师也舍不得你走，你在我们“能仁班”已经有一年半了，难道对我们老师和同学就没有一点感情，难道就没有一点留恋吗？方淑琴，这个平时沉默寡言的内向女生开口了，她语气坚定地说：“还是今天把转学手续办了吧!”孩子的爸爸妈妈一脸失望，我的心中一阵痛，像被什么刺了一下。

我无奈地打电话向校长汇报，校长告诉我办转学手续的程序。放下电话，我心有不甘，我还想做点什么，我真的想留下这个孩子，我觉得我们“能仁班”一个都不能少。我告诉方淑琴的爸爸，校长今天开会去了，今天可能办不了手续。你们在寒假里还可以与孩子相互交流，现在你们可以回家，我视为请病假。下学期开学后，方淑琴可以先去老家上学，上了一段时间后如果感觉很好，可以回来补办手续。如果孩子感觉后悔了，还可以再回到我的班上来，我都视为请病假。总之，今天转学手续办不了了。方淑琴的爸爸妈妈带着孩子走了，我却静不下心来。

放假前的最后一节班会课上，我向同学们通报了方淑琴的情况，我表明了自己的态度，希望有同学在第二天下午跟我去方淑琴的租住地去挽留她。同时，我希望同学们充分发挥 QQ 的功能，大家进行车轮战，留住方淑琴。同学们议论纷纷，表示要把方淑琴劝回来。这时，我班的古怪精灵吴永仪站起来了。“老师，我要说话。我们课程基地班学习压力的确很大，我们为什么不能尊重她的选择呢?”她眼泪汪汪地说。教室里一时鸦雀无声，大家纷纷盯着我。“吴永仪的话有一定的道理，但是凭我的个人判断，这个选择并不明智。明天下午两点我在校门口等，我的车里只能带四个人，谁愿意跟我去的来，我在 2：10 准时出发。”

当天晚上，我接到沈秋琳的妈妈的微信：“本来沈秋琳明天要跟你去请方淑琴的，她与方淑琴最要好了，现在我们已经和方淑琴说好了，下学期不转学了！而且明天上午他们一家回浙江过年去了，所以宋老师也就不要去了。”几分钟后，方淑琴的妈妈发来短信：“宋老师，谢谢你，现在孩子已经回心转意了，她答应明年继续到您的班级里来，我们明天上午回老家过年了，祝宋老师新年快乐!”我回复了一个短信：“谢谢你的新春祝福！请转告方淑琴：宋老师是一个粗心的男教师，平时没有关注到每个孩子的内心，希望她能原谅。我们在学期结束联欢会上播放了方淑琴的英语演讲录音，大家都想她。下学期见，羊年吉祥！”

2015 年 3 月 1 日上午 8 点是同学们报到注册的时间，8 点已经过了 10 分钟，方淑琴的座位始终是空荡荡的。我拨通了她的父亲的手机，原来他们在老家的“新”学校里。我的心里凉了，我曾经准备好的关于方淑琴的一番话语没有用武之地了。但是，当天晚上，我又接到了方淑琴父亲的电话，他在电话中高兴地告诉我，孩子还是决定回海门上学。原来，方淑琴第一天到新学校报到后，首先做了一份英语试卷。孩子花了十分钟就完成了试卷，觉得试卷太简单，以后估计学不到什么的。就这样，方淑琴又回来了。3 月 3 日早上，方淑琴又出现在了我们的教室里……

现在想来，方淑琴同学的“毫无征兆”的转学行为，与一些品学兼优的中学生“毫无征兆”的自杀事件从本质上说是一样的。孩子自身是这些事件的关键因素，家庭和谐是这些事件第二道安全网，而同学之情和老师之爱是第三道防护网。姑且不论前两者关键因素，如果我们的孩子能从班级、老师、同学那儿获得情感慰藉，她就不会抛弃我们。当方淑琴那天坚决地要转学时，我真切地感觉我们能仁班的师生被她抛弃了，而主要原因在于我们没有给予她足够的爱。我感觉到，现在我们的学校都沾染上了急功近利的社会病，我们教师每天鼓励着学生快马加鞭往前冲，不计甘苦排除万难，冲向理想的高中大学，冲向美好的未来人生……冷不防，从背后传来方淑琴们怯生生的声音：老师，请停一下，等等我！

老师，你能听到吗？

（本文发表于《中国德育》2016 年第 14 期）

真诚纯正　能仁致远

——“完美教室”叙事

阿　宋

缔造完美教室是新教育实验的十大行动之一，也是新教育实验的一个独特的创新。同时，还有营造书香校园、研发卓越课程、家校合作共建等十大行动在教室这一特定场域的大集成。它把愿景、文化、课程等融合在一间教室里，通过唤醒故事和经典，编织诗意的生活，既要求呵护每一个孩子的心灵，又要守住每一个日子；既要求下最平凡的苦功夫，又要有超越现实的伟大梦想。2009 年 8 月，我卷入了海门市缔造完美教室行动之中。至今，我带着 3 届能仁班的孩子们已经走过了近 7 年的缔造完美教室的历程。这 7 年中，我不断体悟着缔造完美教室的本质内涵，深刻认识到一间教室对于一个孩子来说具有多么重要的意义。一个孩子，走进了一间怎样的教室，经历了一种怎样的课程，就意味着他遇到了怎样的教育，他的生命也将会因此被塑造成不同的样态。为此，我不断地努力缔造着一间间完美的教室，书写一个个生命的传奇。

一、班级文化特质

我们班取名为“能仁班”。“能仁”二字出自《论语·卫灵公篇》，“子曰：知及之，仁不能守，虽得之，必失之”，意思是说“靠知识和才能获取的东西，如果没有仁德去守护，必将失去”。同时“能仁”是梵文释迦牟尼的意译，意为有能力和仁义的智者。我班命名为“能仁”班，是以“能仁”精神激励学生，以“能仁”为核心进行“班级文化深度建构”。今天的我们，对于“能仁”是这样理解的：“能”，有知识，有能力；“仁”，有仁爱之心。首先，能仁并重，人才能走向更高远的境地。第二，“能”，我们也可以理解为“能够”、“成为”，所以“能仁”就是既能成为一个“能者”，又要成为一个“仁者”，成为一个有着深刻的、儒雅的、有使命、有担当的远大情怀的仁者。第三，我们理解的“能”是向外无比辽阔地去发现和改变这个世界；“仁”是向内无比深刻地发现内心的美好与深邃。“能”“仁”是互相融通的，“仁”支撑“能”，“能”生长“仁”，“能仁”就是人的内心与外部世界的交相辉映，和融共生，从而获得人生的幸福完满。

班训：真诚纯正、能者仁心。班训解读：真：说真话、做真事；诚：讲诚信、诚待人；纯：心纯洁、人纯朴；正：讲正气、唯正义。

班级愿景：让我们做人格健全的仁人，让我们做全面发展的能人，让我们做杰出才力的强人。班级愿景解读：所谓人格健全的仁人，指的是有爱心的人，具备外倾、宜人、责任、理性、开放等五个特征；所谓全面发展的能力，指的是在德智体美劳等五个方面有突出才能的人；所谓杰出才力的人指的是在贵族气质、学科竞赛、创新能力、高效合作、核心素养等五个方面有卓越成绩的人。

我们每一届学生都自己设计自己的班徽，目前的班徽见下图。

我们的班歌是由高天琪同学作词的《能仁班　万万岁》。

班级纪律公约是《新三大纪律八项注意》。

二、班级管理特色

能仁班管理的首要管理特色是“经济学管理”。其取材于美国国家年度教师雷夫老师的经济学管理方案，再结合班级实际进行创新实践。经济学管理的本质是“事事有人做，人人有事做”。经济学管理坚持“公平、公正、公开”的行事准则。此外，笔者尝试把学习小组管理与经济学管理相结合，班级中所有学生以四人学习小组为单位进行竞争，学习、劳动、卫生、守纪等各个项目以学习小组为单位统计财富值，每个月进行一次座位拍卖，财富多的学习小组可以拥有自己的座位，甚至可以出租给同学，租用他人座位的学习小组必须付租金。该管理特色曾在海门教育电视台播出，其班主任管理心得发表于《中国德育》2014 年第 22 期。

其次，“每月一事”项目是班级工作的重要内容。班级各项活动在学校的统一布置下按计划、有分工、有检查地一项项去完成，并积极参加学校评比，取得优秀的成绩。

再次，能仁班坚持晨读暮省，每天把“今日暮省和明日计划”写入“心灵交流本”，每天上交给班主任批阅。能仁班坚持书香阅读，交流读书笔记。能仁班坚持每日跑步 1000 米，由体育委员记录、值日班长检查落实到位。坚持每日演讲活动。每天傍晚举行三分钟演讲活动，设主持人，演讲前主持人介绍演讲主题，演讲后主持人组织点评，演讲内容进行录音，双周评比最佳演讲者，英文演讲和汉语演讲间隔举行。能仁班坚持上好每周一堂生动有效的班会课，并让它成为班级德育活动重要阵地。在 2015 – 2016 学年度第一学期期末学生调查问卷中，最受学生欢迎的三项班级管理措施是：经济学管理、每日跑步制度、每周班会课。

三、班级课程叙事

1.《江海人文》德育课程

2003 年创刊的《江海人文》如今已发展为江苏省海门中学三大校刊之一，被评为全国优秀教科研刊一等奖，成为学校一道靓丽的文化风景。我班谢璐同学是《江海人文》的学生编委之一。她发动班级同学积极为《江海人文》组稿，积极撰写读后感参加“《江海人文》读后感评比活动”，每期的《江海人文》是我班同学午读的重要内容。此外，能仁班的学生积极参与《江海人文》中狮山诗社栏目、江海画廊栏目的征稿活动，争相在每期的《江海人文》上发表自己的作品。

2. 英语课本剧课程

英语课本剧是我们课程基地中心的一个特色社团项目，每周安排一个课时专门进行阅读排练。我们的英语课本剧取材于英语阶梯阅读材料《典范英语》，能仁班的学生从初一起开始阅读英文原版文学作品《典范英语》第七册 18 本，至初二学年结束时，已经阅读完《典范英语》第七册至第九册共计 54 本文学作品。学校每学期组织一次大型的英语课本剧比赛。仅三年，我班的课本剧 Climbing in the Dark、Necklace、Personality Potion、Flying Carpet 等剧目均获得学校比赛一等奖。英语课本剧活动还推动了学生英语经典影片配音、英文歌曲演唱的能力。我班的郁涵琪同学、单珅媱同学参加学校的两届英语经典影片配音比赛均获一等奖，我班高天琪同学参加学校三届英语歌曲比赛均获第一名。在此背景下，我班英语学习气氛浓，英语能力发展突出，在 2015 年全国中学生英语能力竞赛中，我班学生获得全国一等奖三人次、二等奖十一人次、三等奖二人次。

3. 学科竞赛课程

作为海门中学课程基地中心的实验班，能仁班大力加强学生拔尖的规划与目标设置，选派强有力的教练团队，带领学生走进奥赛名校学习，提高学生数理化竞赛成绩。班级的数理化任课教师注意初高中课程衔接，自主开发学科拓展课程，并且注意把奥赛培训与培养学生持之以恒、吃苦耐劳的精神相结合，把奥赛培训与培养学生敢为天下先的情怀、严谨求实的治学精神相结合，提高数理化拓展的实效。目前，能仁班学生基础扎实，优秀学生自我拓展，在班级内形成了你追我赶的良好学习气氛。我们注意引导学生形成学科拓展研究团队，鼓励学生采取兵教兵的合作探究模式，鼓励一部分学生脱颖而出。在海门中学 2016 年自主招生考试中，课程基地班学生包揽全市前一至七名、第九、第十名，全市前 35 中占据 28 名，全市前 100 名中占据 46 名，其中来自我们能仁班有 25 人。

4. 健全人格课程

以“健全人格”作为学生的做人底线；以“爱国、敬业、诚信、友善”作为核心要素，引导学生形成积极向上的世界观、价值观、人生观；以“文化教养、社会担当、自由灵魂”为三大支柱的贵族精神作为上位教育目标。引导学生学会欣赏他人，拒绝冷漠，做一个有情有爱、有血有肉的人；引导学生学习慎独，学会独处，学会悦纳自己。通过艺术类、体育类、综合类课程，引导学生学会欣赏艺术，欣赏大自然，做一个高情商的大写的人。

四、班级学科团队

能仁班的发展背后是一个卓越进取、精诚合作的学科团队。语文老师郁瑾胸怀宁静之心扎根于语文教坛，用她的爱心与真情培育着学生稚嫩的心房；数学老师张立新校长把毕生的教学智慧洒向学生，引领学生智慧发展；物理老师徐红娟不愧为金牌启蒙教练，带领学生探索无穷的物理奥秘；化学老师施晓达以其灵动的课堂、洒脱的个性吸引着学生“欲罢不能”；政治老师蒋国生校长为同学们保驾护航，及时为同学们解答疑难、打开心结；历史老师沈继瑾以其儒雅的气度、温暖的微笑带领同学们穿越古今……能仁班的教师德高为师，身正为范，始终一贯地首先实践班级教育理念，以自身的身教代替说教，以自身的榜样为学生树立学习的丰碑。在这样的一个团队的努力下，辅之以江苏省海门中学课程基地中心总设计师石鑫校长的总策划，以及物理金牌教练黄晏副校长的直接管理，能仁班立地顶天，注定能铸就一个个新的辉煌。

能仁班走过了近七年的历程，班级先后被评为学校优秀班级、海门市“五四红旗支部”、全国新教育实验“2015 年度完美教室”提名奖；班级中已经有 7 位学生走进了清华北大，有 5 名学生进入英国剑桥大学、美国华盛顿大学、加州大学、曼荷莲女子文理学院等世界著名高校，倪梓强同学成了世界脑力锦标赛的冠军，被称为“中国记忆神童”。但能仁班的脚步永不停止，一直行进在过一种幸福完整的教育生活的征程上。

（本文发表在《教育·读写生活》2016 年第 5 期）

元旦致辞

能仁班 2016 级 1 班的孩子们：你们好！

今天是吉祥的 2018 年的第一天，阿宋在这儿给大家拜年啦，祝福大家在新的一年里心想事成、阖家欢乐！

2017 年对于我们初二（1）班而言是个不平凡的一年，能仁班的孩子们在家长的支持下、老师的关心下，不断努力，砥砺前行，取得不平凡的成绩。在 2017 年学校春季田径运动会和秋季田径运动会中，我班分别获冠军和亚军（1 分之差屈居）；在 2017 年 6 月期末考试和 2017 年 12 月全科竞赛中黄钰雯、王诣帅分别夺得年级第一名的好成绩；在郁瑾老师的指导下，王帅玲同学获第十二届全国中小学生创新作文大赛总决赛一等奖第八名，盛楠茜同学获“初中生世界杯”江苏省中学生作文大赛特等奖第三名。另毛奕翰同学获南通市“学宪法用宪法”中学生演讲比赛特等奖第一名并晋级明年的省赛，严哲倪同学获南通市英语口语比赛一等奖第十名，沈鹭同学获南通市读书征文比赛一等奖，严哲倪同学家庭被评为海门市书香家庭展示一等奖第一名，还有多人获各级各类比赛等级奖。此外，吴思泉同学获评南通市“好少年”称号，黄钰雯被评为海门市“榜样少年”，吴昕睿被评为海门市“三好标兵”并被选送参评南通市三好标兵评选。我班同学编演的群舞“版纳印象”和课本剧“Alice in Wonderland”分获学校艺术节舞蹈比赛一等奖和曲艺比赛一等奖。盛楠茜同学还被评为 2017“感动附校人物”。作为班主任老师，我以你们的骄人成绩而感到自豪。

展望 2018，我们任重而道远。希望同学们再接再厉，一鼓作气，夺得以下四个攻坚战的胜利。

一、努力锻炼身体。身体是革命的本钱，我们要继续不折不扣地完成每天跑步 1200 米的班级布置任务，在这身心发展最迅速的关键期为一生的健康打下扎实的基础。通过跑步，磨炼我们的意志，释放心中的压力，促进大脑发育，提升我们的学业。

二、加强自我管理。“真诚纯正　能者仁心”是班级管理之魂，坚持“致良知”修行是自我管理的核心，坚持学习小组组长负责制是实现自我管理的保证。同学们的自我发展源自坚持初心和内心渴望，并非是外在依赖和迫于无奈。我们要做核聚变反应的核动力潜艇，而不是靠人力、风力等作为动力源的帆船。

三、不断抓紧学习。2018 年 5 月和 6 月的两次分流考试将决定我们能否直升海中，不到最后公布结果，我们每个人决不能放弃自己。抓紧学习从一次听课、一次回答问题、一次质疑、一次作业、一次订正作业、一次考试抓起，记住习大大的话：“九层之台，起于累土”。学有余力的同学可以提前学习高中的课程了，学有困难的同学要有耐心，坚持一笔一笔还清学习上“欠债”，一个一个弥补学习上的漏洞，决不能“债多不愁”，逃避现实。

四、继续书写奇迹。2018 年的空白画卷已经徐徐展开，等待着同学们书写浓墨重彩的一笔。2018，一切皆有可能，只有你想不到，没有你做不到。我们要凝练班级文化成果，出版我们的《Counting stars》，收获分流考试的成功。2018 年 6 月，初二（1）班将自然解体，但阿宋将始终关注你们的后续发展。能仁班的历史上星光璀璨，2015 级有海门中学 39 届学生会主席并考入清华的姜盛瑶、进入全国数学冬令营被保送北大的顾丁炜、进入全国物理冬令营被保送北大的朱天顺和张轶伦、2011 年海中北大校长实名推荐学生余萌希；2007 级有考入美国曼荷莲女子文理学院的朱昊；2010 级有世界脑力锦标赛冠军、最强大脑冠军、现在北大学习、2012 年感动海中人物倪梓强；2013 级有高二与清华签约、竞赛三国一选手、2016 年感动海中人物汤炀阳及高二与北大签约、2017 年数学奥赛金牌选手、2017 年感动海中人物陈尧等。你们要向这些学长学姐看齐，在火热的 2018 年既仰望星空，又脚踏实地，为将来做一个好人、能人、强人、超人而奠基。

最后，再次祝我们初二（1）班的同学们及家长朋友们戊年旺旺、万事如意！

后　记

这是一间普通却又神奇的教室，走出了世界脑力锦标赛冠军、最强大脑冠军、现在北大读书的倪梓强，也走出了2017年中国高中数学联赛金牌得主、高二签约北大的陈尧，也走出了高中数理化联赛“三国一”选手、高二签约清华的汤炀阳，还有成功举办个人音乐会享誉省内外的吴思泉……缔造完美教室的行动让“能仁班”创造了一个又一个奇迹。

一、历史积淀

2009年8月，我参与到海门市缔造完美教室行动之中。至今，我带着4届能仁班的孩子们已经走过了近10年的缔造完美教室的历程。这10年中，我不断体悟着缔造完美教室的本质内涵，深刻认识到一间教室对于一个孩子来说具有多么重要的意义。一个孩子，走进了一间怎样的教室，经历了一种怎样的课程，就意味着他遇到了怎样的教育，他的生命也将会因此被塑造成不同的样态。为此，我不断地努力缔造着一间间完美的教室，书写一个个生命的传奇。

我们班取名为“能仁班”，是以“能仁”精神激励学生，以“能仁”为核心进行“班级文化深度建构”。今天的我们，对于“能仁”是这样理解的：“能”，有知识，有能力；“仁”，有仁爱之心。“能”“仁”是互相融通的，“仁”支撑“能”，“能”生长“仁”，“能仁”就是人的内心与外部世界的交相辉映，和融共生，从而获得人生的幸福完满。

班训：真诚纯正、能者仁心。班训解读：真，说真话、做真事；诚，讲诚信、诚待人；纯，心纯洁、人纯朴；正，讲正气、唯正义。

班级愿景：让我们做人格健全的仁人，让我们做全面发展的能人，让我们做杰出才力的强人。班级愿景解读：所谓人格健全的仁人，指的是有爱心的人，具备外倾、宜人、责任、理性、开放等五个特征；所谓全面发展的能人，指的是在德、智、体、美、劳等五个方面有突出才能的人；所谓杰出才力的人指的是在贵族气质、学科竞赛、创新能力、高效合作、核心素养等五个方面有卓越成绩的人。

我们每一届学生都自己设计自己的班徽。

我们的班歌是由2013级高天琪同学作词的《能仁班 万万岁》。

班级纪律公约是《新三大纪律八项注意》。新三大纪律：言行举止须文明（绅士淑女）、作业考试不作弊（真诚纯正）、课堂自习守纪律（入室即学）。新八项注意：说到须做到、集体活动排队、不翻动他人物品、不忘记劳动任务、不带零食到学校、学习中互帮互助、不做有损形象的事、服从班级管理。

能仁班管理特色是"经济学管理"、"每月一事"项目、把"今日暮省和明日计划"写入"心灵交流本"、每日跑步1200米、每天举行三分钟演讲活动、每周班会课。

班级课程：《江海人文》德育课程、英语课本剧课程、学科竞赛课程、健全人格课程等。

能仁班的班级文化建设过程是一个"做中学、读中悟、写中思"的过程，在这个过程中，我收获了班级成长。2015年7月，"能仁班"获全国新教育实验"2015年度完美教室"提名奖，但能仁班的脚步永不停止，一直行进在这一种幸福完整的教育生活的征程上。

二、与时俱进

2016年9月，我又迎来了2016级能仁班，46张灿烂的笑脸孕育着新的希望。能仁班班级文化建设继承了历史传统，但是我们并不满足于此，我们继续践行着新教育的行动方式"读中思、做中学、写中悟"，与时俱进，推出了班级文化建设的新举措。

1. 创设微信平台

微信（WeChat）是腾讯公司于2011年1月21日推出的一个为智能终端提供即时通讯服务的免费应用程序。据了解，目前我班家长100%使用智能手机并使用微信。我认为，利用班级微信公众平台，教师可以建立及时有效的信息发布平台，建设、展示班级文化建设的成果。通过与家长们的充分讨论，我班创设了微信公众号，设置三个菜单："心灵互动""风采展示"和"动态提醒"。"心灵互动"栏是学生和师长互诉衷肠的平台，内设"老师的希望""同学的心声"和"家长的寄语"。"风采展示"栏是学生、教师、家长展示风采的窗口，内设"星光熠熠”“表情语录”和“师长风采”。“动态提醒”栏内设“班级动态”“麻辣提醒”和“考试信息”。

我们的微信公众号创设至今，已经成了家校合作的桥梁和纽带，成了展示能仁班文化建设的窗口，据不完全统计，自2016年9月至2017年12月，我班微信公众号共发布信息276条，合计634795字，含图片647幅。

2. 升级阅读课程

没有大量的语言输入就没有精彩的语言输出，我们改革了阅读课程，每天晚上观看30分钟的中英文视频。自2016年9月至2017年底，学生先后观看了40集《唐之韵》与《宋之韵》，学生在精致解说中赏诗词之美，体验中华诗词的灿烂辉煌。他们还欣赏了第一季和第二季总共20期的《中国诗词大会》，再一次寻访诗词的足迹，见证了诗词知识比拼，沉淀了文化基因，品味了诗意人生。然后，同学们欣赏了《见字如面》第一季的11期内容，在读信嘉宾的深情演绎与博学专家的深刻点评中，同学们不仅享受了美的熏陶，而且重新领会中国人的精神情怀与生活智慧。视频的绘声绘色，内容的耳目一新，专家的深度点评调动了同学们的阅读热情，拓宽了同学们的阅读视野，增添了同学们的书卷气质。孩子们的芳华因诗意而绚烂，孩子们的人生因阅读而丰盈。

英文阅读课程我们以江苏省教育科研规划课题《“语感阅读法”指导下的儿童文学阅读的实践研究》为指引，组织学生边听地道原声音频，边进行阅读。自2016年9月至2017年底，同学们阅读了《典范英语》（7）18本原版文学作品和《典范英语》（8）12本原版文学作品。我们的英语阅读课程以掌握英语拼读规律（Phonics Reading）作为英语学习的突破口。主张听读结合，出声朗读，奠定语感基础。以分级的、简易的、原汁原味的故事、小说为主，满足学生心智发展的需要。注重回归语言教育的“积累”之本，回归语言教育的“人文”之本，最终达到“启心智、学文化、爱生活”的教育目的。学生通过大量的听、说、读、写等步骤提升了语言运用的综合能力。

在2017年度语文各大作文赛事、中文和英语演讲比赛中，我班学生屡获大奖。

3. 举办新父母课堂

能仁班的家长是各行各业的精英，他们非常重视孩子的教育，自身也都有一技之长。在学校的倡导下，我们每周开设一节新父母课堂，邀请家长朋友来校为孩子们上课，拓展孩子们的视野，弥补学校教育内容之不足。2016年9月至2017年12月，共举办新父母课堂33期，共分七大类：道德教育，文明与道德伴我行、青春因挑战而精彩、怀揣理想 走向远方、感恩、超越自己 潜能无限；国防教育，关于国防那些事儿；户外拓展，横看成岭侧成峰；人文拓展，古老的文字、通往世界的桥梁、篆刻艺术、我和写作的故事；生活常识，生活中的化学小常识、健康生活 从我做起、药品安全知识、食品安全、如何识别假币；实践操作，叶脉书签制作、亲自动手做蛋糕、雪媚娘制作、萝卜搭塔 创意无限、我飞翔 我快乐 纸飞机体验活动、剪纸、制作冰皮月饼、手工编织十字结；知识讲座，奇妙的电学世界、浅谈名校之路、科技启蒙——编程、水，生命之源、看云识天气、浅谈经济学——青少年经济学尝试、道路运输知识、气象科普知识、生命的起源。

4. “致良知”修行

实行“致良知”修行计划并非是我的一时冲动。魏峰在《江苏教育》2010年第4期上撰文指出，中国学生都有“学习目标依赖症”。正如苏格拉底所说的：教育不是灌输，而是点燃火焰。多年来，我一直在苦苦寻觅一种激发学生内在学习动机的教育方法，直到我读到王觉仁所著的《王阳明心学》一书。书中介绍了美国科学家富兰克林的“修行计划”。富兰克林在大约24岁时，立志要让自己拥有完美的品德，他开始了一个他自称“达到完美品德的大胆而艰巨的计划”，他列举了13项决定要培养的美德，他决定采取各个击破的办法，一个星期只集中精力对付其中一个。为此，他专门制作了一本小册子，每一页都画了表格，纵行7行，代表一星期的7天，横向13行，写上13项美德。如果当天在哪一项美德上有过失，就在相应的表格内涂上一个黑点。

我马上行动，结合能仁班的治班理念，设计了《“致良知”修行计划》，包括12项美德：真诚（一不欺人 二不自欺）、节制（食不过饱 不贪享乐）、寡言（避免闲聊 言必利人）、秩序（物必定位 处事有序）、决心（该做必做 坚持不懈）、节俭（有益消费 绝不浪费）、勤勉（珍惜光阴 做事有益）、公正（公平正直 没有偏私）、中庸（避免极端 宽容待人）、整洁（个人卫生 衣房整洁）、镇静（果断勇敢 遇事不慌）、谦逊（虚心学习 尊重弱者）。修行计划从2016年9月开始执行，直到2017年9月结束。我要求学生每日暮省时对照这十二项要求进行自评，做得不好的就点一个黑点。每周上交给我一次进行批改，每月撰写一篇致良知修行反思。“致良知”修行的实际效果是惊人的，开学一周以后，能仁班的孩子纪律最好，学习最先进入状态，并保持至今。以下是我班沈鹭同学撰写的一份反思：

每天晚上，打开“致良知”修行记录本，心中总会涌起一股神圣感，反思自己一天的所作所为，不遗漏每一个细节。这看似容易，实则需要我们有毅力，有耐心。

仔细翻看自己四五个月来的“致良知”修行记录本，从一开始的“每天一点”到后来的“每周一点”，我能明显地感觉到自己的进步。想当初，我们只是通过宋老师的讲解初步明白良知的含义，后来，才以此为基础有了“致良知修行计划”，不仅仅是老师和同学，家长也很配合，很重视，严哲倪的妈妈还为我们全班同学打印了一本“致良知”修行记录本。从我们给这本“致良知”修行记录本包上书皮的那一刻起，这就意味着我们要认真对待它。

从此，“致良知修行计划”成为了我生活中的一部分，每天翻开记录本，我心里就清楚地知道，这并不是纯粹地点几个点，而是帮助我们反思总结，利于日后发现自己的不足之处。虽然“致良知修行计划”看似“无用”，但是只要你有坚持下去的毅力和耐心，就会有非常明显的效果。致良知精彩的不是生活，而是生命。

在实施“致良知修行计划”的过程中，有时会有几个连续的点出现在“决心”上，那是因为我一连几天都没有完成已下定决心要完成的事情，一拖再拖，可是这个毛病已经成为了习惯，较难改正，为了此事，我只好硬着头皮，活生生地把这个毛病一点点吞噬了，直至完全消化。

“致良知修行计划”让我发现了不完美的自己，让我们一起在追寻良知的道路上越走越远吧！

5. 书写教育故事

书写生命叙事一直是我的工作常态。2015 年 9 月，我的孩子顺利升入北大，作为父亲，我有很多家庭教育的体会和故事，我决定把它们以“生命叙事”的形式写下来奉献给我的 2016 级能仁班的孩子们。我认为，书写家庭教育故事是体现家庭生活仪式感的一种重要途径，能极大地增强家庭成员的幸福感。自 2016 年 10 月起，我通过班级微信平台，每周发布一个家庭教育故事，作为家校共育的一个交流方式，受到了家长朋友们的热烈欢迎。自 2016 年 10 月至 2017 年 11 月，我一共书写了 49 个家庭教育故事，每个故事包含一个主题，都是取材于真实的生活案例，最后配上一个“点睛”，希望能给与我同辈的家长朋友一些启发。家长们对我的教育故事评价很高，个别交流时常常提及一些我的做法。我趁热打铁，鼓励家长朋友们也来书写自己的家庭教育故事，不求高大上，但求真情实感，以便家长之间相互参考、取长补短。2016 年下半年和 2017 年度我班家长共书写了近百个家庭教育故事，也分批在班级微信平台上发表。另外，我鼓励孩子们在空余时间书写自己的成长教育故事，要求真实、真情、充满正能量。孩子们书写的成长教育故事取材丰富，纯洁无瑕，透出浓浓的生活气息，展现了丰富的校园生活，这些成长教育故事也陆续在班级微信平台发布。

综上所述，2017 年能仁班班级文化的创建过程也是一个“做中学、读中悟、写中思”的过程。多年来，我醉心于立德树人的育人事业，享受着幸福完整的教育生活，自己的孩子也顺利录取北大。更为欣喜的是，我的工作还受到了学校领导及上级主管部门的肯定，2017 年 4 月，我被光荣地评为南通市“十佳师德之星”。但是我并非认为自己的育人工作已经十全十美，相反我需要更好地学习，不断地提升育人理念和育人实效。

三、升华结晶

2017 年度是 2016 级能仁班收获满满的一年，能仁班的孩子们在家长的支持下、老师的关心下，不断努力，砥砺前行，取得不平凡的成绩。在 2017 年学校春季田径运动会和秋季田径运动会中，我班分别获冠军和亚军（1 分之差屈居）；在 2017 年 6 月期末考试和 2017 年 12 月全科竞赛中班级总均分分别列我市第一名和年级第二名，其中黄钰雯同学、王诣帅同学分别夺得年级第一名的好成绩；在语文老师郁瑾的指导下，王帅玲同学获第十二届全国中小学生创新作文大赛总决赛一等奖第八名，盛楠茜同学获“初中生世界杯”江苏省第十七届中学生作文大赛特等奖第三名。另外，我班毛奕翰同学获南通市“学宪法、讲宪法”中学生演讲比赛特等奖第一名并晋级 2018 年的省赛，严哲倪同学获南通市英语口语比赛一等奖第十名，沈鹭同学获南通市读书征文比赛一等奖，严哲倪同学家庭被评为海门市书香家庭展示一等奖第一名，还有多人获各级各类比赛等级奖。此外，吴思泉同学获评南通市“好少年”称号，黄钰雯被评为海门市“榜样少年”，吴昕睿被评为海门市“三好标兵”并被选送参评南通市“三好标兵”评选。我班同学编演的群舞《版纳印象》和课本剧《Alice in Wonderland》分获学校艺术节舞蹈比赛一等奖和曲艺比赛一等奖。盛楠茜同学还被我校评为 2017 年度“感动附校人物”。作为班主任老师，我为孩子们的骄人成绩而感到自豪。

在本届孩子初一时，有一次我在课上讲评一篇完形填空的文章，介绍一个美国孩子出版一本书的故事，当时我就提出建议：让我们也确立一个小目标，用一年时间写一本我们能仁班自己的书，这个建议得到了大家的一致赞同。同学们畅所欲言，献计献策，最后汇总成一致意见：能仁班出版的书名是《Counting Stars》（数星星），书稿的主体部分来自班级微信群中的文稿和图片，全书分为五个部分：班级之星、班级成长故事、班级家庭教育故事、班级师生文集、班级活动剪影。班级之星汇总班级中获得学校大型比赛一等奖或县、市、省、国家级比赛获奖选手共计30人。班级成长故事由46位同学每人挑选曾撰写的一个教育故事，要求真实具体、健康向上。班级家庭教育故事精选46个家庭教育故事。班级师生文集汇总班级学生发表于县市级以上报刊杂志或获奖的文章，以及我撰写的关于德育类的获奖或发表文章计12篇，内含2篇江苏省“师陶杯”论文评比一等奖作品、2篇江苏省德育论文评比二等奖作品、4篇《中国德育》公开发布作品、1篇江苏省初中校长论坛交流论文、2篇省级杂志公开发表的德育论文、1篇《给能仁班的2018年元旦致辞》。班级活动剪影汇总了2016年8月以来班级参与各级各类活动的图片计68张。班级成长故事每篇文章配一副插图，由班级中最擅长美术绘画的茅译天同学负责提供。封面设计向全班征稿，最后茅译天同学的设计被选为最佳，封三印上能仁班班歌，封底印上能仁班2009届学生送给我的教师节卡片。2017年10月国庆长假中，各个项目负责人开始工作，长假结束完成汇总，然后由家长代表负责联系出版事宜。一稿出样后，我还邀请了全国新教育理事长、我们的教育局局长许新海博士作序，许局长对我们能仁班的班级文化建设褒奖有加，这是对我们能仁班师生的最大的鼓励。

生命就是书写一个故事；教育就是让每个人有省察地书写自己的生命故事；从事教师职业就是把教育作为自己故事的主旨，并用生命最大段的篇幅来展开与书写。我实践、我阅读、我写作，我成长、我收获、我幸福！《数星星》的出版让我多年的梦想得以实现，我的心中充满了感恩，感谢许新海局长对能仁班师生的勉励，感谢江苏省海门中学石鑫校长、江苏省海门市教育局基教科德育处张勤主任一直以来对缔造完美教室工作的指导，感谢江苏省海门中学附属学校校长张丽华女士对我班主任工作的支持，最要感谢的是多年来与我有缘共享人生芳华的能仁班全体学生和家长们，是我的学生和他们背后的家长使我的工作充满了意义和色彩。面对未来，让我们以“美丽教育、美好生活”为目标，继续坚持“做中学、读中悟、写中思”的行动方式，缔造完美教室之新传奇！

江苏省海门中学附属学校　阿宋

2018年2月28日